U0895147

梦能成真

从孩子王到亿万富豪

文田 著

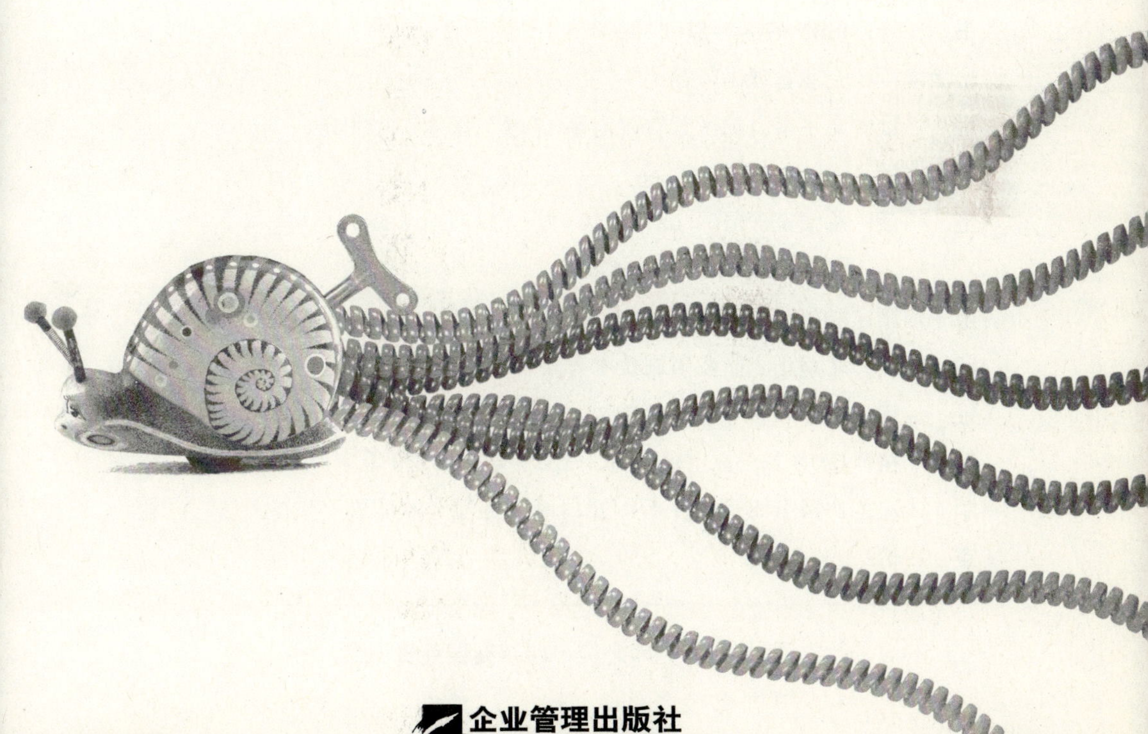

企业管理出版社
EMPH ENTERPRISE MANAGEMENT PUBLISHING HOUSE

图书在版编目（CIP）数据

梦能成真：从孩子王到亿万富豪 / 文田著. —北京：企业管理出版社，2014.8

ISBN 978-7-5164-0900-8

Ⅰ. ①梦… Ⅱ. ①文… Ⅲ. ①李月震—生平事迹 Ⅳ. ①K825.38

中国版本图书馆 CIP 数据核字（2014）第 143155 号

书　　名：梦能成真：从孩子王到亿万富豪
作　　者：文　田
责任编辑：尹洁净
本书策划：闫书会
书　　号：ISBN 978-7-5164-0900-8
出版发行：企业管理出版社
地　　址：北京市海淀区紫竹院南路 17 号　邮编：100048
网　　址：http://www.emph.cn
电　　话：总编室（010）68701719　发行部（010）68414644
　　　　　编辑部（010）68416775
电子信箱：80147@sina.comzbs@emph.cn
印　　刷：北京正合鼎业印刷技术有限公司
经　　销：新华书店
规　　格：170×235mm　16 开本　15.75 印张　170 千字
版　　次：2014 年 8 月第 1 版　2014 年 8 月第 1 次印刷
定　　价：29.00 元

目录

前言

他出生在鲁西南最普通的村庄，没有显赫的出身，也没有耀眼的教育背景，通过自己多年的艰苦奋斗，成为了造福一方的企业家——这样的故事看起来总有些似曾相识，这是很多民营企业家的故事，也是李月震的故事。

每个民营企业家的创业故事多多少少都带有些传奇色彩，李月震也不例外。他一开始并没有钱，尝试过很多行业，甚至盖厂房盖到一半差点就盖不起来了，但他从未想过放弃，而是一直坚持了下来。

中国有句老话，“多一个朋友多一条路”，李月震的经历很好地诠释了这句话的含义，创业路上，他得到了很多朋友不计回报的帮助。这并不能归结为运气，而是李月震一贯为人处世的态度。正是因为他的以诚待人，首先考虑到对方的利益，才能在创业和经营过程中得到那样多的帮助，把合作伙伴都变成了朋友。

这是一个励志故事，李月震用行动告诉大家，成功不看出生，不看学历，要的是以诚待人和一颗永不言败的心。

以人为镜，可以知得失，通过李月震的故事，无论您是正在路上，还是已有所得，都能从中有所收获。

李月震可以说是个“创二代”。这并非是现在一般意义上的“创二代”，李月震并没有一个留下庞大家业让他继承的父亲，他出生在70年代，成长在改革开放的初期，创业在市场经济的90年代，收获在中国腾飞的21世纪。与共和国的第一代创业者不同，也没有在创业过程中享受到多少“时代红利”，他的成功或许并不因“时势”，更多的是自身的努力。

因此，李月震的经历有更多的参照价值。他所处的市场环境与当下并没有太大区别，某种意义上，他能代表一个群体，一个在真刀真枪的市场竞争中成长起来的企业家群体。

很少有企业家会如此详尽地分享自己的心路历程和经营理念，因此本书的出版也显得尤为难得。李月震抽出了大量的时间，回答了大家关心的问题，可以说是“知无不言，言无不尽”，希望他的经历能给那些打算创业或是正在创业的年轻人一些启发与思考。

除了财富，李月震的故事中更多引人深思的是这样一个命题——为什么要创业？李月震用行动做出了回答，也希望这样的回答能让更多的人来思考财富的真正意义是什么。

本书的写作得到了绿灯行电缆产业集群企业、绿灯行电缆经销商、李丙东村的乡亲以及李月震先生家人的大力帮助，在此一并致谢！

文田

2014年4月8日

楔子

说起山东省聊城市的阳谷县，您可能立刻会联想到景阳冈——因为武松打虎的壮举，景阳冈至今名扬天下。除了这景阳冈，阳谷县还散布着一些古城遗迹，最早的东阿古城遗址，可上溯至西汉时期。而早自春秋战国时起，阳谷这个地方便人才辈出，“田忌赛马”、“围魏救赵”这些耳熟能详的成语典故，就来源于阳谷人孙膑。如今，阳谷县城北还有个迷魂阵村，相传此地正是当年孙膑围困庞涓之处。

但若论起阳谷县最早被记入史籍之处，却是自东向西流经县北的一条河。这条河自莘县文明寨起，只在阳谷县西北角略作停留，便奔聊城、德州、滨州而去，最终汇入渤海。这河的名字有些吓人，叫“徒骇河”，这是从上古时代传下来的。相传，徒骇河是大禹疏浚的九河之一，大禹治理此河时，“用工极众，沿河工难，众徒惊骇，故名徒骇”。

数千年来的沧海桑田，大禹治理过的那条徒骇河已只能在旧书卷中寻觅，如今的徒骇河波澜不惊，多年的治理让这条当初的害河，化为了一条惠民河。有了河水的浇灌，此处土地肥沃，如若在春夏相交之际，在河边放眼望去，是大片绿油油的麦田。这可真是好地，一亩地能产1000多斤粮食，有了上天的恩赐，两岸的居民大多世代务农。沿河散布着星星点点的村落，村名大多以姓氏开头，让人一望便知这是哪家的地界。

如果您再细心一些，也许还会注意到另一条河——新金线河。新金线河是徒骇河的支流，沿着阳谷县西境蜿蜒，终在县境的西北角汇入徒骇河。两河的交汇处将阳谷县与邻近的莘县隔开，北面是莘县的李凤桃村，过两座桥，便到了阳谷的李丙东村。这是个很小的村子，一共只有50多户人家，不到300口人。如您所料，这里的村民大多姓李。

村庄地处偏远，原本只有一条南北向的土路，直至如今也仅有一家商店。村里流传着一句老话，叫“河口湾，出大官”，只是这么多年来，却也不见出过什么贵人，恢复高考后的十余年间，这片土地也只走出过两个大学生。但这却是李丙东人最朴素的心愿，希望子弟能好好学习，日后能考上大学，走出乡土。也许，这也是古往今来全中国农民最朴实的心愿，不愿自己的后代在土地上辛劳，希望他们能走上仕途，有朝一日泽被乡里。

这句老话终究没能应验，但改变却在悄然发生。十多年前，压路机打破了李丙东村的寂静，一条水泥路自西北向东南穿村而过。自那以后，不时有客车抑或是货车驶过，带来了外地口音的客人，也带来了村庄新的希望。

数十年来，李丙东村从未这般热闹过，也从未迎接过这般多的来客。他们的目的地是村子东南面一片白墙蓝顶的建筑。这些建筑掩映在绿树之中，还有几个大字在一片绿意中探出脑袋。如果仔细辨认，可以看出那是“绿灯行天下，天下绿灯行”这几个字。

离村子不足百米之处，在那水泥路的尽头立着一个牌坊。抬头一望才知，这些建筑是“绿灯行的厂子”。谁能料到，这恍若世外桃源的地方，竟矗立着一个偌大的现代化企业！平日里，不时有村民推着童车在厂内漫步，道路两旁低矮的树枝上零星挂着几个鸟笼，甚至还有人在池塘边上垂钓。这般情形实在让人无法想象，几步之外就是绿灯行电缆的生产车间！

李丙东人的生活，因为这绿灯行企业的发展，发生了翻天覆地的变化。非但李丙东村，周围村庄的青壮年也大都在此就业。不必再看天吃饭了，也不必再离家千里外出打工，下了班，两杯小酒，儿女绕膝，这就是中国农民最朴素的幸福生活。

改变李丙东人千百年来生活轨迹的人，就出生在这村中的一棵洋槐树下。

这棵洋槐树就在村子的正中央，村里的老人会告诉你，这棵树历经了百十年的风霜，见证了李丙东村的变迁。

这棵百年老树同样也见证了我们主人公的成长，1970年8月26日，李月震就出生在这树下的一间平房，李丙东村的改变也正是从这一刻悄然开始。

第一章 求 学

第一节　执着少年

李月震是李文亮家最小的儿子。这是一个小康之家，李文亮是村干部，妻子务农，已有一个儿子，两个女儿。因为农村当时的风俗，通常喜欢给儿子取个女孩儿的名字才觉得好养活，于是李月震出生的时候，李文亮给他取了个女孩儿名，叫李月珍。因为是排行第二的小儿子，所以家里人唤他“二小”。

不料二小长大后颇为嫌弃这个疑似女孩儿的名字，一心想着改名，后来趁着人口普查的时候得偿所愿，取了个谐音，选了个“震”字。从这个字就能看出，我们的主人公不是个安分的人物，总想着折腾出点儿什么动静。只是谁也没能想到，他竟然折腾出了那么大的动静！

那么，我们还是一开始就依着他的心意，从小就称呼他为“李月震”吧。

这是一个真实的故事，所以我们的主人公也没有像传奇故事里一样，从小就有些不凡之处。乡亲们只是觉得这孩子从小就很懂礼貌，可也没觉得和别家的小孩有什么不同。如果非要说点儿区别，那就是这孩子打小就特别犟。

那是一年春天，屋外的洋槐树结出了花。当时的农村没有什么零食，清香甘甜的槐花就是孩子们最好的零食。有一天，李月震嘴馋了，想摘点槐花解馋，只是那挂着槐花的树枝有一人多高，哪里是年幼的李月震轻易可以摘到的。要是换了其他的小朋友，恐怕早就去喊大人来帮忙了，可李月震偏不，似乎只有自己摘到的才特别香。李月震在树下蹦蹦跳跳，时不时助跑一段，又或是从屋里搬出个小凳子“增高”，可手指尖始终离槐花还有那么一段距离。大人们看见了，觉得有趣，有心想看看这小朋友何时才肯松口喊人帮忙，不料他愣是自己在树下跟槐花较了一下午的劲，弄得大汗淋漓，压根儿就没想着要叫人帮忙摘一下。后来，还是姐姐放学回来看到这小家伙怪可怜的，顺手帮他摘了下来。李月震把槐花丢进嘴里，狠狠地嚼着，还在为没能自己摘下来而不高兴呢。

还有一次，李月震跟父亲到镇上办事，路过一个卖东西的小摊子，李月震看到上面摆了个黄色的小鸭子，就缠着管父亲要，当时李文亮急着办事情，说下次再买，李月震也懂事，当下就没再闹了。李文亮还以为这事就这么过去了，谁想李月震记得可牢了，第二天就又提起了买小鸭子的事。李文亮哄他说收摊了买不到了，可李月震就是不依不饶，他不哭也不闹，就是坚持不懈地每天说一遍“小鸭子”，直到把全家人都说烦了，只好托人到隔壁莘县给他买了一个。

像这样的趣事还有很多。所谓“三岁看老”也许说的就是这么回事吧，李月震认准的事，就非要做成不可。村里的李阿姨至今还记得李月震跟驴车“斗法”的事呢。

有一次，李阿姨路过桥头，看到李月震赶着辆驴车挡在那，既不前进也不后退，于是问道：“二小，你这是干吗呢？要去哪儿呢？”

李月震笑呵呵地答道：“它不肯拐弯，我等它拐弯呢，看是它犟还是我犟。”

李阿姨一听可乐了，这小子跟驴干上了，知道一时半会儿分不出输赢，于是绕过驴车吩咐道：“二小，可得记着回家吃饭啊。”

“好咧，李阿姨您慢走啊。”

家里人到了饭点儿还不见李月震回来，便到屋外喊了几声，没把李月震喊回来，反倒把李阿姨喊来了：“我刚才看见二小在桥头跟驴较劲呢，这小子现在该不会还在那儿吧？”大伙赶到桥头一看，好家伙，果然还在那对着驴嘟囔“你到底走不走”呢。

您要是觉得犟脾气的李月震不懂变通，那可就错了。该机灵的时候，这孩子可比谁都机灵着呢！

差不多五岁那年，李月震的大舅从部队回家探亲。刚巧当时李文亮出门办事，于是母亲对他说：“二小，你爹和你哥不在家，就由你陪大舅吃饭吧。”李月震听完，也不推脱，真把自己当成了个小大人，像模像样地学着待客，一边自己吃还一边喊大舅吃菜。

那天有道菜是猪肉白菜炖粉皮，这菜在当时的农村可不多见。小孩子贪嘴，想夹粉皮吃，但李月震试了几次没夹起来。就在大人们以为这孩子又要跟粉皮犟上的时候，李月震小脑瓜一转，对大舅说：“大舅，这个太难夹了，老也夹不住，我用手抓了啊！”话音刚落，也没等大舅说好不好，就挽起袖子，用小手抓起了粉皮吃。

大舅一看就乐了，也听说过二小的犟脾气，于是故意逗他说：“二小，不会用筷子啊？”李月震也知道大舅在逗他，答道：“我夹不住，就吃不到嘴里，等我用筷子夹起来，大家都吃完啦！”李月震这么一说，一屋子人都乐了。

小时候的李月震在李丙东村自由自在地成长，虽然也会因为犟脾气惹点小祸，但父亲李文亮却从不责骂。李文亮很疼孩子，对李月震这个小儿子更是宠爱有加，李月震在父亲的“娇惯”下，胆子也是越来越大，时不时做出一些别人想都不敢想的事来。

大舅就受过“李大胆”的惊吓。李月震刚学会写字不久，就给部队里的大舅写了封信。大舅收到信十分高兴，小外甥都能给自己写信了，只是拆开一看，李月震那歪歪扭扭的字可把大舅吓了一跳！

“亲爱的舅舅，您下次回来，能不能带把枪给我玩？我不要玩具枪，我要那种能装子弹的枪……"

大舅真有些哭笑不得，这孩子胆子也太大了吧！别人家的小孩顶多要点弹壳什么的，这李月震倒好，一开口就是要枪！还特意说要真家伙！枪是什么东西啊？那是能随便给小孩子玩的吗？大舅当然不可能真给李月震带把枪回去，但又怕孩子伤心，还是托人带了些空弹壳。没想到，李月震硬是用这些弹壳玩出了些花样。

大舅再次回家探亲时，刚走到村口，就遭到了李月震的"埋伏"。

"不许动，举起手来！"

大舅一看，这不是二小嘛，敢情是知道自己回来，已经在这躲了好久了。再仔细一看，这小李月震正有模有样地端着把"枪"，对着自己瞄准呢！

这枪当然是用弹壳做的，大舅仔细端详了一番，心想这做工不错啊，也不知是谁帮这小鬼做的，于是问道："你这枪哪儿来的啊？"

李月震嘟起小嘴："跟你要枪你不给，我自己用弹壳造一个。"

大舅露出了一些怀疑的神色："真是你自己造的？"见大舅不信，李月震急了，拉着大舅就往家里走。好家伙！家里摆着各种各样的"武器"，有地排车型的，有弹弓型的，甚至还有用空机枪弹壳造的皮条撞击的五三式"手枪"！

这下大舅没话说了，摸着李月震的头笑着说："好个二小！我下次再给你多带些空弹壳回来！"没想到李月震不干了，认真地对大舅说："我才不要空弹壳呢，我要枪！能开火的枪！"这股执着的劲头，还真是让人有些无可奈何。

那段日子，李月震经常带着自己造的"枪"在村子里跑来跑去，俨然一副小将军的模样。大家都以为这就是小孩子的新鲜劲，过一阵子也就腻了，可谁也没想到，李月震一直惦记着"要一把真正的枪"这事。

又过了半年多，大家惊讶地发现，李月震真的捣鼓出了一把可以用火柴棍当子弹的小手枪来！虽然这充其量只能算是个玩具，但李月震这发明创造的劲头，还真是让人刮目相看！

可是再仔细一想，不免让人有些后怕，李月震小小年纪就捣鼓“枪炮”什么的，要是伤着了怎么办？其实这样的担心是多余的，如果凡事怕这怕那，管教多了，教出来的孩子是会循规蹈矩一些，但只是循规蹈矩又有什么用呢？有多少大事是循规蹈矩的人做出来的呢？

李月震玩枪倒没玩出过什么危险，可以他这种不达目的誓不罢休的劲头，迟早得惹出点什么祸事来。这不，十岁那年，李月震看了部名叫《少林寺》的电影，姐姐的嫁妆便因此遭了殃。

身怀绝技是每个少年的梦想，但真能把这梦想付诸行动的却少之又少，偏偏李月震就是这其中一个。原先李月震不是不想练功夫，只是不知道怎么练，看完《少林寺》，这下好了，李月震可算找到了练功的法门——拿两个沙袋绑在腿上，久而久之就能身轻如燕。

做沙袋得用布，只是这布哪儿来呢？ 1980 年的中国，物资还很匮乏，买布还得凭票供应，想在农村找两块布来做沙袋，哪有那么容易！李月震翻遍了家里所有地方都没找到布，只翻出了两床准备给姐姐出嫁用的被面。李月震也知道拿被面做沙袋不妥，但忍了几天，最终还是被理想冲昏了头，把崭新的被面咔嚓一下给剪成了沙袋。

因为这两沙袋“来路不正”，李月震只好躲得远远地去“练功”。但李丙东村那么小，这种事迟早得露馅。有一天，李月震练完功夫，正拎着沙袋往回走，不料迎面撞上了母亲。李月震急忙想把沙袋藏起来，但母亲撇了一眼脸色就变了，李月震手里拿的东西怎么那么眼熟？李月震知道事情不妙，赶紧掉头就跑，这才没被抓个现行。

太阳下山了，星星出来了，田野里满是各种虫鸣。李月震心里有鬼，越听越心慌，不敢再待下去，悄悄地跑回家里，趁人不注意溜进了屋，钻到床底下躲了起来。

这时候，家里人已经找了他半天，天都黑了还不见他回来吃饭，心想可别出什么事才好。父亲、母亲、哥哥姐姐整个村子都转了一圈，还是不见李月震的人影，大家回到屋里商量着该怎么办才好，却听到床底传来一些响动。往床底下一看，嘿，这李月震睡得正香呢！

闯了祸还能睡得香，这淡定的态度还真不是一般人能有的。第二天起来，那两个沙袋被没收了，李月震又开始琢磨，要到哪儿才能再找几块布做成沙袋来继续练功呢？

时光荏苒，转眼间李月震已经是个十几岁的少年了。个头长了，那股执着较真的劲头也一点都没少。

大约在李月震十三四岁的时候，有一年春节，他和家人去看望姥爷，恰好大人们在一起喝酒，就逗他说："二小，我们喝酒，你也别光看着，也来喝点吧。"一开始李月震还有些不好意思，但经不住大家你一言我一语的"撺掇"，挽起衣服说："喝就喝，但你们是大人，我是小孩，咱们不能一样喝，我要定个标准。你们大人喝一杯白酒，我是小孩就喝一杯红酒，谁也不能耍赖，谁要耍赖罚酒一杯。"

大人们听罢笑了起来，觉得这孩子还真是这脾气，喝酒还得先定规矩！不过谁也没把李月震定的规矩当真，所以喝了几杯过后，有些大人就开始"耍赖"地只喝半杯，料想李月震也不敢怎么样。没想到李月震还真的跟大人们较真了，站起来气呼呼地说："你们都是大人，不能说话不算数！"

这下几个"耍赖"的大人全都愣住了，谁也没想到李月震会这么不给面子，一个小孩子还教育起大人怎么喝酒来了。一时间气氛有些尴尬，大家脸上有点挂不住，只好赶紧把剩下的酒喝光了。

李月震要是把这股较真的劲头放在学习上，那不用说，成绩一定顶呱呱。遗憾的是，李月震似乎生来就对学校里的功课没啥兴趣，我们也都知道，李月震自小就不是个循规蹈矩的孩子，而他只会把自己的那股劲头放在感兴趣的事上。

李月震是在八岁那年上的小学，虽然看起来有些晚，不过在20世纪70年代的中国农村却是再正常不过的了。当时李月震的求学之路还真有些“艰辛”，李丙东村人少，村子也小，小学也没有固定的教室，要东一家西一家挨个去借别人的屋子，一年要换好几个地方。三个年级就在同一个屋里上课，这边是一年级，那边是二年级，再那边是三年级。因为村子里没有四五年级，所以李月震很小就要“离家求学”，带上窝窝头，骑着自行车到隔壁村的王庄集小学上学。王庄集小学是附近几个村子里唯一的一所完小，条件也好不到哪里，就是几间破房子，不过总算是有固定的教室了。

虽然成绩平平，甚至还有些胆大妄为，可在学校里，李月震却是个听话的好学生，上学放学都会跟老师问声好，很懂礼貌。

小学五年级的时候，李月震从同学那里借来了自己的第一本课外书《岳飞传》，也找到了自己学习的方式。一旦看起书来，李月震真有些不要命，住的地方和书包里都是小说和课外读物，家里给他的零花钱和后来从事一些小生意挣来的微薄利润基本上都让他买了书看，就连吃饭、上厕所时候都要拿着书看，可谓看书成痴，甚至把眼睛都给看近视了。

也许当时年幼的李月震还无法理解什么是“三十功名尘与土，八千里路云和月”，但岳飞背上刻着的“精忠报国”却深深地打动了他。他最喜欢的书是《水浒传》，也难怪，景阳冈就在阳谷县嘛，就算是梁山也离李月震的家乡并不太远，《水浒传》的故事那可都是发生在身边的故事。

学以致用，也许说的就是这个道理。这个爱做梦的少年从书中学到了“春秋大义”，也学到了对事物的判断，学到了如何推理，学到了如何预谋、计划一些事情，只是小时候的能力多半被用在了调皮捣蛋上。然而自学的习惯在他日后创业的时候可派上了大用场——专业技术、现代管理、范例经典，这些知识李月震也都是从书本上学来的。

书中自有黄金屋，阅读改变了李月震的人生轨迹。也许他日后待人接物让人觉得颇有几分梁山好汉的味道，能顺利取得合作伙伴的信任，就是受了幼时熟读《水浒传》的影响。而一个初中辍学生能取得日后的成就，也与他从小养成的阅读习惯，能自我更新知识脱不开关系。

不错，您现在已经知道了，李月震连初中毕业证都没拿到。他并没有把多少精力放在学校的功课上，而是把自己的那股执着劲放到了课外书上。如今说来，也许这是值得庆幸的，如果他当初认真学习功课，也许能成为一个好学生，甚至会考上大学，成为一个优秀的大学生，只是这样一来，或许就不会再有后来的绿灯行工装设备整齐有序的厂区了，而李丙东村，仍然只是鲁西南一个偏远的小村庄。

不过李月震功成名就后回顾往昔，最大的遗憾却是没能好好上学。也许正是是因为没有得到，所以才更显珍贵吧。其实李月震今后的事业所用到的知识，大多也并非是学校能教授的，更多是靠他自己从书中的感悟。比起现今一些毕业即失业的大学生，谁又能说李月震的选择是错误的呢？

也许正是因为没了退路，李月震的人生才有了更多的可能，才能靠着那份执着一路向前。

第二节　迷途知返

当时谁也不可能预见到李月震今后的人生道路。在当时那种环境下，也很难认为课外的闲书对一个人的成长会有多大的帮助，“读书”更多还是指学校的功课。不光是李文亮如此认为，甚至李月震自己也是这样想的。

上学仍然是当时大家眼里唯一的出路，家人都还在期待着这个最小的孩子能考上大学，光宗耀祖。李月震也仍然沿着这样的轨迹前行，小学毕业，成绩平平的李月震考上了附近草寺村的中学。

草寺中学离家6公里，比王庄集小学远不了多少，可糟糕的是，好学生李月震离了家，竟然学会调皮捣蛋了。

谁也说不清为什么男孩到了十三四岁就会变“坏”。照理说李月震的家境也还算殷实，小时候也很听话，并不缺乏管教，怎么一下子就野了呢？

也许，都是“吃”惹的祸。

当时，李月震住在父亲的一个朋友家中，经常招呼同学到住的地方开小灶。一开始还只是小打小闹，你带把挂面我带个鸡蛋，一起弄个鸡蛋面什么的，可就像小时候先是用空弹壳做枪，后来又捣鼓出洋火枪一样，李月震可不会满足于一些平常的东西，没过多久他就开始琢磨一些新鲜的吃法了。

过了几天，小伙伴们看李月震从家里拎了瓶油到学校来，问他说：“打算炒什么吃啊？”李月震故作神秘地摇摇头说：“材料还缺呢，还需要些面粉、鸡蛋，谁家里有？最好再带点水果，桃子就行。”

这是要做什么呢？虽说小伙伴们不明就里，但还是纷纷“慷慨解囊”，各自回家把材料备齐了。李月震俨然就是个大厨，吩咐这个劈柴，那个揉面，可就是不告诉大家要做什么。等到那些面团被捏成了饼状，又包上了桃子做的馅，终于真相大白，小伙伴们惊喜地欢呼：“做月饼啦！”

谁也没料到李月震会挑战这么高难度的点心。原来，李月震家里做了一些小生意，逢年过节会弄一些月饼到镇上去卖。李月震看得多了，就想学以致用，筹划着要自己做一回。虽说最终做出来的月饼卖相不怎么样，但味道还真是不错！

和小伙伴们美滋滋地吃完月饼，李月震又冒出一句：“我们下次做蛋糕吧！谁家里有香油啊？”大家带着期盼的眼神你看看我，我看看你，期望着谁能在这时候勇敢地站出来。遗憾的是，那个年代的普通人家里哪会备着香油这种东西呢？蛋糕最终还是没能做成。多年以后，李月震说起小时候的吃食还是止不住的遗憾：“可惜那时候没香油啊，要不然就能做蛋糕了。”

蛋糕没做成，但李月震还有其他花样！

他在饭店里见过一种炸丸子，用面裹在苹果或是别的一些水果上面炸，炸完后趁热把糖烧化在上面做成拔丝，又酥又脆，香甜可口，类似于我们今天的拔丝苹果等菜品。有一天李月震嘴馋了起来，突然想吃那种炸丸子，于是说干就干，当即招呼小伙伴们准备好了食材，架好了锅，流着口水期待着这一次的美食。

小伙伴们本以为这次李月震也会像上次那样，变戏法似的做出一盘好吃的。但这次要做的点心可不是月饼，李月震虽然看人家做过，也知道是用什么食材做的，但对其中的制作要点却是一窍不通，想当然地以为捏好以后放进油锅里炸一下就行，结果这下出事了！

如果说月饼做失败了，顶多不能吃，可这丸子弄不好，就变成了“炸弹”！丸子里有空气，放进油锅里加热以后就会爆裂而带着油星崩出来！那可是沸腾的油锅啊，要说李月震当年造的枪只是个玩具，那这回他可算是“发明”出一个“大规模杀伤性武器”了！等着美食的李月震和小伙伴们看傻了，也吓坏了，没等回过神来就赶紧往被窝里面躲，总算是有个掩体了！至于油锅？根本管不着了。

李月震偷偷从被子里伸出头往外瞧，恰好一个“丸子炸弹”飞到附近，他捡起来送到嘴里，嗯，味道还行。

只是李月震来不及陶醉于这味道，就悲剧地发现火苗跟着丸子蹿了出来。原来“丸子炸弹”把锅里的油带了出来，遇火便着，要不是路过的人及时扑救，这“丸子炸弹”可要把整个屋子付之一炬了。

虽说是无心之失，但这结果也着实吓人。李月震这下算是懂了知易行难的道理，再也不敢轻举妄动了。

其实类似这样的事情，也许我们并不能称之为调皮捣蛋。李月震并不知道这样做或那样做会带来什么样的后果，只是出于少年的探索精神，出于对世界的好奇，才带着小伙伴们“改善生活”。然而这种探索精神却不是被大人们所鼓励的，所以那些不想循规蹈矩的孩子就落下了调皮捣蛋的名声。

虽然李月震不再研究点心了，可其他好玩的东西仍然在不断地“诱惑”着他。李月震有的是主意和想法，精力不花在这就花在那，渐渐地越玩越过分，越玩越觉得教室是那样的无趣，于是他开始逃课，真的开始调皮捣蛋了。

初二那年，学校所在的村通上了电，新鲜的玩意儿来了！电影、歌舞团——这些都是李月震先前没见过的东西，怎能不去瞧个究竟呢？可通电也有通电的麻烦，学校晚上也要上课了。照理说，李月震本来就没多少时间在学校，逃课是家常便饭，可天晓得当时他是如何想的，竟然觉得只要把学校弄停电就可以光明正大地去看电影了！更糟糕的是，李月震从小天不怕地不怕，想了就要去做，真的琢磨起怎么才能把学校弄停电这个问题来了！

要说李月震也不是完全不念书，学起数学、物理这些理科的科目还挺聪明的，一学就会。他学不好的是那些需要死记硬背的文科科目，他觉得那是在浪费时间。要说李月震不喜欢念书，多半也是因为他不喜欢死记硬背书本上的文章，如果真需要用到一些课堂知识的时候，李月震学得可积极了！

初二那年学校开设了物理课，教科书包括了一些电路的基本知识，在老师还没有教到那里的时候，李月震就迫不及待地把物理课本翻了一遍，看看是不是能找到什么新发现。结果他真的找着了，把学校弄停电的办法书上写着呢——只要把电线弄短路就会跳闸，跳闸了自然停电，学校当然也就不用上课了。

办法有了，李月震片刻不停，当天晚上就用粗铁丝弯了个铁钩，带着几个朋友就爬上了屋顶。李月震拿出自制的铁钩，对着电线瞄准后使劲一扔，转眼间火花四溅，原本灯火通明的教室瞬间陷入了黑暗。只是李月震这下子的动静也着实太危险了，屋顶上的瓦片噼里啪啦纷纷掉落，碎了一地。

李月震原本只是想把学校弄停电好去看电影，就像当初研究点心一样，他想出了办法，却没预料到后果。方法找到了，后果却很严重！好在李文亮当时是村大队书记，几个“共犯”又都是附近村里干部的孩子，各自做了些工作，赔了些钱，这才算是把事给了了。

当时学校用的是老式的电线，两根电线杆之间悬着三条电线，互相并不绝缘，与细长的铁钩呈十字状，一接触就会短路。如果换作现在，李月震的法子多半是不灵的。这件事给李月震留下了非常深刻的印象和教训，也许正是因为这次的事故给了他直观的冲击，让他意识到线缆的安全是和生命财产直接相关的，所以在自己后来生产电线电缆的时候，才会始终坚持把质量问题放在第一位吧。

如果只是这样一些调皮捣蛋的事迹，李月震也许会顺利上完初中。但接下来发生的一件事，却彻底改变了李月震的人生轨迹，也几乎终结了他的求学之路。

1983 年 3 月 12 日，植树节。李月震原本很喜欢这个节日，上劳动课学校会组织大家出去种树，可以光明正大地不用坐在教室里。

那天栽完树，同学们都走了，李月震跟一个好朋友却留了下来。李月震看准一棵小树苗，用手比画了一下，对朋友说："你看我砍得准不准。"

话音刚落，一铲子就下去了，刚才李月震比画过的地方，树皮已然不见，只留下了一道半厘米深的缺口。李月震撑着铲子，一脸得意地望着小伙伴，那意思是说，敢不敢跟我比比？

青春期的少年都有一股争强好胜的劲头，小伙伴哪里肯示弱，于是也找了棵小树苗，对着树干的地方一比画，也留下了一个裂口。

就这样你一下我一下，刚栽好的小树苗没一会儿就被他们砍了个乱七八糟。两人兴冲冲地比试完，回头一看，一片狼藉。这下李月震心中有些后怕，只不过是争强好胜，想压过朋友一筹，显得自己胆大，可这也太过分了吧！

李月震愣了一会儿，像是问朋友，又像是在问自己："你说这树还能活吗？"

小伙伴茫然地望着李月震，摇了摇头："我也不知道。"

一阵沉默之后，两人也没想出什么补救的办法，砍都砍了，也只能祈祷这些小树苗依然能够健康成长了。带着不安的心情，两人踏上了回家的路，平日里喜欢说笑的他们，那天却变得沉默寡言。

第二天一早，刮起了大风。睡得迷迷糊糊的李月震听见风声，心里有种不好的预感，总觉得有什么事情要发生似的。他半睡半醒地躺在床上，没一会儿便听见外头有人忧心忡忡地说道："昨天种的树全倒了，连派出所都出动了。"

这下李月震睡意全无，那些树可是国家财产啊！派出所都出动了，可得赶紧跟朋友说一声去。李月震故作镇定地穿好衣服，来到朋友的住处，告诉他事情闹大了。

怎么办？两个小伙伴大眼瞪小眼，过了好一会儿，他们终于开口了："咱跑吧。"

可是能去哪儿呢？家是不能回的，回去少不了一顿揍。两人合计了一会儿，李月震说："要不咱去东北找我三爷爷吧，派出所肯定找不到那么远。"

好个李月震！从没离开过家的他竟然想到了"闯关东"！

"可咱怎么去东北啊？那么远，总不能走着去吧？"小伙伴对李月震的提议还是有些疑虑。

"坐火车。趁着他们还没有发现是我们干的，先借钱去。"

于是两人为这次"逃亡"行动开始分头筹钱。李月震敲开了叔叔的家门，说是父亲叫他来借200元钱。200元在当时可是个大数，叔叔家没有那么多现金，要到供销社先借出来才行。在等叔叔回来的那段时间里，李月震惶惶不安，觉得时间过得是那么的慢，还得装出一副没事人的样子，生怕叔叔识破了他的谎言。万一叔叔不是带着钱回来，而是带着父亲回来那可就糟了。

好在李月震虽然调皮捣蛋，但平时从来不会撒谎，大人们应该会相信他的。等了好一会儿，叔叔才把200元钱交到他手上，也没多问什么，李月震悬着的心这才放下了。

李月震拿了钱，生怕有什么闪失，便与小伙伴一人一半放好，当即骑了车向阳谷县城出发，打算去朋友的舅舅家再借点钱。去东北毕竟路途遥远，200 元怕是不够的。

阳谷县城距此有 30 多公里，这两小伙子之前也都没有去过，不认得路，需要边走边问。行至半夜，路上黑漆漆的一个人影也没有，李月震有些慌了："这前不着村后不着店的，咱们差不多骑了有几公里了吧，派出所的人应该追不上了，咱们是不是该找个地方住下再说啊？"

"哪有地方住啊，还是骑快点吧。"

两人骑了一路，又担心后面有"追兵"，实在都有些累了，却也只能强打精神往前赶。好不容易看到了灯光，看样子是个路边旅店，两人不约而同地嘘了口气，同时加快了速度。骑到近前一看，果然是家旅店，只是有些简陋。旅店外面是个小摊子，看起来应该是卖些吃的东西，里屋堆着麦秸，麦秸上铺着席子，供过往旅人休息。

李月震敲开门进了屋，被"嘎嘎"的叫声吓了一跳，原来屋里住着个卖鸭子的，鸭子受了惊吓，才有了这吓人的响动。两个小伙子实在累极了，顾不得鸭子的气味，也再没精神去想会不会被追上的问题，倒头便睡着了。

第二天一大早，两人起床后连早点都没吃便急匆匆地赶到了阳谷县城，想尽快踏上开往东北的火车，可未曾想朋友的舅舅并不在家。钱是借不到了，路费也就是这 200 元钱了。买火车票的钱是够的，但一路上难免还会有其他的花销，钱还是得省着点花。开往东北的火车要到禹城才有，他们也不知道还要骑上多久，于是商量着去供销社买点干粮，也好省点钱。

没想到到了供销社，李月震却不买吃的，而是要了两个水壶、一把玩具气枪。这下把小伙伴急坏了："月震你这是干吗啊！买这些东西有什么用？我们还去不去东北了？"

李月震呵呵一笑，把水壶往朋友身上一套，又晃了晃手中的气枪说道："你看，咱们拿这气枪打鸟，烧了吃，又好吃又不用花钱！再有这两个水壶，就不用担心没水喝啦！这样吃的喝的就全解决了！"

小伙伴听完，把身上的水壶正了正，狠狠地捶了李月震一下，欢快地笑出声来。

在县城休整了一夜，他们骑着车，背着水壶，腰里别着气枪，直奔禹城而去。那架势仿佛不是惹了祸离家出走的小鬼，而是雄赳赳气昂昂开赴前线的野战军战士。

这两个"战士"趁着兴奋劲，向禹城方向进发。碰上岔路的时候，遇到人就去问路，如果没有遇到路人就只好根据大致的方向走。渐渐地，两人发现路越走越偏，行人越来越少，他们不约而同地放慢了速度，忍着心中的疑问没说出口。

又到了一个三岔口，两人停下车，举目四望，荒无人烟。骑到此时，两人都气喘吁吁，先前的兴奋劲早过去了，水壶里的水也早已喝光，原本让李月震兴奋不已的玩具气枪反倒成了一个累赘。

李月震抿了一下嘴唇，喃喃自语道："咱们该往哪条路走啊？"

之前的几个岔道都是李月震冲锋在前，也不管路对不对，走了再说，只是到了眼下的境地，虽然两人都没说破，却也知道自己多半是迷路了。

李月震故作思索地沉默了好一会儿，说："要不咱还是往回走走，看能不能找个人问一下路？"

两人随即调转车头，沿着来路返回。渐渐地路上有了行人，可谁都没有停车询问。又骑了一阵，两人心照不宣，有些尴尬地相视一笑，彼此都知道这是要回家去了。事到如今，这两个小伙伴仍然不肯向对方认输。

目的地已经明确，两人加快了速度，猛蹬了一阵。路过一片稻田时，李月震放开车把，迎着风，扬起头，深呼吸。空气是那样新鲜，天空是那样湛蓝，这些都让他想起了家的温暖，终于意识到自己的不告而别会让家人多么担心。

“我回来了！”随着李月震那一声声呼喊，一直憋在心头的那口气也烟消云散，一路上只留下了两个少年爽朗的笑声。

回程比出发时候要快上许多，李月震似乎觉得并没过多久就到了李丙东村的村口，这三天的经历真是跟做梦一样。天色渐晚，离家越近两人就骑得越慢，这可不是近乡情更怯，而是有一个非常现实的问题困扰着他们——这一到家，恐怕是免不了一顿痛揍的。

正恍惚间，突然有人高喊“二小”，这让李月震吓了一跳。李月震抬头一看，是村头的李大娘。“二小，你跑到哪儿去了！可把你爸妈给急死了！全村的人都在找你呢！”说完，李大娘就朝着村里嚷开了：“找着了！二小回来了！”

不光是李月震的哥哥姐姐，几乎全村的人都出来了，他们把李月震和小伙伴团团围住，帮他们拿行李，帮他们推车，仿佛这两人不是因闯祸而离家出走的少年，而是凯旋归来的将军。大家的脸上没有责备的表情，反而带着一种心安的喜悦。

李月震进了家门，见母亲还在抹眼泪，却不见父亲身影，心下稍安，有些心虚地打了声招呼，就默默地回屋睡觉去了。

我们不知道如果李文亮当时不是在出差，而是在家中等着李月震，那会是什么样的一番情形。没准这个慈爱的父亲会破例揍上李月震一顿，不过这样的事情直到李文亮出差回来仍旧没有发生。李文亮回家的时候，已经知道了事情的前因后果，他把忐忑不安的李月震叫来，一言不发地看着儿子。

过了好一会，还是李月震先憋不住了，心想还是干脆痛快点儿吧，于是鼓足勇气说：“爸，我知道错了，你打我吧。”

李文亮抬起手，却又缓缓地放了下去，长叹一声，对李月震说：“不想上学就别上了，明天开始去地里干活吧。”说完，李文亮也不再理睬李月震，转身进了屋。

虽然没挨揍，可那天晚上李月震辗转反侧，难以入眠。他反复琢磨着父亲说的那句话，知道父亲这次是真的失望了。父亲希望他好好上学，将来能成为村里走出去的大学生，可自己在学校里却尽是调皮捣蛋，想起这些事情，李月震有些羞愧，但后悔已经来不及了。

不上学就不上学吧，对大家都好。

只是突然就这样不上学了，李月震还真有些舍不得那些同学。记得有一次，李月震受了点儿伤，躺在家里休养，同学们三三两两结伴前来看望。即便是哪个大人生病也没见能有这么多人关心呢，这是多宝贵的情谊啊！只是这样的日子，也许再也不会有了。

想着想着，李月震渐渐沉入了梦乡。

那天晚上，他脑子里的最后一个念头是：难道我真的要去种田吗？

第三节　浪子回头

那天晚上，李文亮同样也没睡好。

李月震是他最小的一个儿子，从小就聪明，要是能把心思放在学习上，就算没考上大学，哪怕考个中专，毕业后分配个铁饭碗应该也是不成问题的。李文亮对这个儿子寄予厚望，满心期望他能好好上学，走出农村，可谁想到李月震学会了调皮捣蛋，这回还闹出这么大一件事来。

李文亮是真生气了，但说要让李月震去种田，那倒也只是句气话。知子莫若父，李文亮深知李月震的秉性，别的不说，志气还是有的，哪里像是肯老实种田的孩子。所以平常李月震在学校里调皮捣蛋，李文亮也不以为意，觉得只是小孩子不懂事，等哪一天想明白了，把多余的精力放到学习上，也一定不会差的。李文亮之所以那么说，其实是想给儿子一个教训，真让小儿子到地里干活，他还真舍不得，他只是希望让李月震吃吃苦，希望这孩子能有一些转变。

接下来的几天，李文亮故意不怎么搭理李月震，只是催促他跟家里人出去干农活。李月震出生在农村，多少都会帮着家里做些农活，可是以前大家都照顾他，不让他干重体力活，所以正式下地干农活，对他来说也算是头一遭。

李月震知道自己犯了错，既然不上学了，憋着劲想在田里干出点样子来，不要让人瞧不起。可李月震从小到大哪吃过这苦啊，没几天就有些吃不消，觉得腰酸背痛，一回家便倒头就睡。

过了几天，李月震从田里回来吃过饭正准备去睡觉，却被父亲叫住了。

李文亮带着李月震出了村，来到村外新金线河的桥上。这座桥还是20世纪60年代末的时候李文亮带着大家修的，修好后没多久李月震就出生了。这座桥经历了这些年月，李月震也长大了。

站在这座自己亲手修建的桥上，李文亮不禁有些感慨，修桥是为了让乡亲们过上好日子，他当然也希望自己的儿子今后能过上好日子啊！李文亮看了眼儿子，这几天瘦多了，心里有些心疼："二小，这几天累不累啊？"

李月震默默地点了点头。

"不上学，以后就得过这种日子了。土地是最老实的了，你好好对它，它就给你粮食，要不然就没有饭吃。养不活自己，那是会被人瞧不起的。"

李月震仍然一言不发。

"二小啊，我看你从小就不愿种地，可又不好好上学，那你以后拿什么养活自己呢？"

李月震还是不说话，李文亮也不着急，他知道儿子心里肯定也是百感交集。清冷的月光照在水面上，映出点点波光，李月震随手拿起一些小石块丢进河里，泛起阵阵涟漪。也不知父子俩沉默了多久，李月震终于憋出一句："我想上学。"

"那好，从明天起你不要下地干活了，在家里好好复习功课。我托人安排你去三中接着上学，到时候我送你过去，别再跟不上功课了。"

那天晚上，父子俩还说了很多话。清亮的月光照在水上，照在桥上，照在父子二人身上，他们就在村头憧憬着未来。他们当时想的是能离开这偏远的村庄，能在外面的世界有一番作为。谁也没能料到，20年后，他们又会回到这里，但那时候看到的却是不一样的风景。

李文亮所说的三中，是莘县三中。李丙东村虽说属于阳谷县，但是在地理位置上距离莘县却还要更近一些。莘县三中就在李丙东村西南方向大约六七公里处，其实并不比草寺村中学远多少。不过县城里的学校和农村的学校不一样，城里学校放暑假，而农村学校放农忙假，所以莘县三中是到九月份才开学。

李文亮想着给李月震换个环境，也许就和以前不一样了。接下来的一段时间，是农活最忙的时候，眼看家里人有些忙不过来，李月震想多少帮忙分担一些，可李文亮坚决不让他下地干活，只让他好好复习功课。

三个月的时间转瞬即逝，转眼到了九月，李月震终于要回到学校了。开学那天，李文亮送儿子去报到，父子俩并肩骑行在乡间的小路上。

李月震的心情有些复杂，虽然只隔了三个月的时间，但他却觉得自己离开学校已经很久了。他想起自己那次离家出走时，家里人是多么的担心；他想起大家在田里劳作，却不肯让他下地干活，执意要他好好复习功课……他暗暗下定决心，这次一定要好好学习，绝对不能让大家再担心了。

想着想着，脚底放缓，父亲骑到他前面去了。李月震望着父亲的背影，心里有些难过，这些天，父亲的鬓角似乎隐隐有了一些白发。小时候，他就坐在父亲那辆自行车的后座上，跟着父亲到处开会，那时候是多么地无忧无虑啊！如今，父亲骑着同一辆车，送他去往新的学校。

一定要有个新的开始！一定不能辜负父亲的期望！李月震在心里默念着，加快脚步追了上去。

李月震确实聪明，这三个月潜心复习的效果也很显著，虽说留了一级，上的还是初二，可他仅用了三个月的时间，自己把书看了一遍，到了新学校，竟然也没有跟不上进度。要知道之前的李月震可是几乎没怎么翻过课本的。

很多时候，改变人生轨迹的也许并不是什么了不起的大事，反而是一些无足轻重的小事。事后想来，也许还会觉得有些可笑，觉得有些得不偿失，然而，事情发生了就是发生了。也许只是一时冲动，也许只是意气用事，就在李月震洗心革面，要做个勤奋向上的好学生的时候，一次小小的冲突再次改变了他的命运，让他彻底地远离了学校。

李月震在莘县三中的同桌是个女孩，性格有些古怪，李月震一来，她就画下了“三八线”。李月震一开始也没放在心上，但毕竟两人同桌而坐，免不了有越线的时候。没想到，女同桌的反应还挺大，甚至还编了些顺口溜来嘲笑李月震，搞得李月震心里很不舒服，但同桌毕竟是个女孩，想想也就忍了。

过了几天，李月震再次不小心越过了“三八线”，这回女同桌却没反应，而在那边笑得开心。李月震正觉得奇怪，抬手一看，气得不行！原来不知道那女同桌什么时候偷偷在“三八线”上倒了墨水，这下全蹭到李月震身上去了！这下李月震真的发怒了，用脏了的袖子往女同桌身上抹，心想这可是你惹我在先，怪不得我。也许是他正在气头上，力气稍微用得大了点，没料到那女孩竟然趴在桌上，口吐白沫了！

这一下子老师也被惊动了，赶忙跑过来查看状况，指着李月震说：“她有癫痫你知不知道？看你还挺老实的才让你跟她坐一桌！你就不能让着点她嘛！回去写份检查，让你父亲签了名交上来，好好反省一下！”

李月震虽然挺委屈的，但毕竟自己动了手，也只好认了。可老师让他写检查，却又实在有些不甘愿，明明是对方先惹他，凭什么这账全算到了他头上？更何况，这上课才十天，父亲送自己来上学的情形还历历在目，要是知道自己又惹了事，那得多伤心！

太窝囊了！李月震越想越不甘心，于是向其他同学打听了一番，谁知道一打听更是气得不行。原来这种事已经不是第一次了，这女孩以前也这样，会跟同桌动手，又因为确实身体不好，大家都不敢拿她怎么样，怕她癫痫病发作。所以全班同学没人愿意跟这女孩同桌，李月震是新来的，这倒霉的位置自然也就归他了。

李月震实在是气不过，但老师要的检查还是得对付一下。这事肯定不能让父亲知道，虽然不完全是自己的错，但那女孩都口吐白沫了，这还怎么解释？于是李月震找人在检讨书上模仿父亲的笔迹签了字，把这事情给瞒过去了。

本来写完检查，这事也就了了。可李月震到莘县三中的时候，原本对新环境抱着很大的希望，一心想着要好好学习回报父母，可谁知道却受了这样的欺负。期望与现实的落差让年少气盛的李月震意兴阑珊，又开始觉得教室了无趣味，感觉周围的人对自己都不太友好，开始有些自暴自弃了。

从那以后，李月震又开始逃课。他心想，既然你们对我不好，那我还怎么好好学习啊？其实这也只是少年找的借口，归根结底还是贪玩在作怪，可李月震却在一起逃课的同学中找到了归属感。

这注定是一种恶性循环。李月震越是不好好上学，在老师心里的印象就越差，老师也就越会找他的麻烦。有一天，李月震正打算翻墙出去玩，没想到被老师逮了个正着。老师指了指屋顶说："好啊，身手挺利落的嘛！既然身手这么好，那上面都是蜘蛛网，你学学雷锋，上去扫干净吧。明天上课的时候，当着全班同学的面做个检查。"

李月震心里反感，但心想扫就扫吧，扫完了我接着去玩。至于做检查，那更是无所谓了，要家长盖章也没关系，到街上花五毛钱弄个"萝卜章"就能应付了。

到了这个地步，再指望李月震能够好好学习那是完全不可能了。老师让他做检查，其实原本也是好意，希望他能知耻后勇真心悔过，这招对其他人也许行，可对李月震不管用。李月震从小就是个很有主意的孩子，要好好学习，那得是他自己真想努力才行，如果是被人逼着做这做那，他这从小的犟脾气可就得犯起来了。所以这些检查恰恰起了反作用，后来老师也知道李月震就是在应付，渐渐地也就不再管他，只希望他别影响其他的同学就好。

怪就怪在李月震虽然不上课，可有些科目的成绩竟然还很不错。比如数学，满分 120 分的卷子，他常常能考个 110 多分，在全年级都能排在前 20 名。这样的成绩当然不是玩出来的，李月震答应了父亲要好好念书，也确实在某种程度上付诸了行动。他的自学能力强，像数学这种自己喜欢的科目，看几遍课本基本上也就学会了。可惜对那些不喜欢的科目，李月震几乎是一个字都不带看的，最终导致偏科实在太过严重，理科成绩能接近满分，文科的成绩却是不及格。照他这样子，中考是没希望的。

到了初三下学期，就在同学们都在积极复习备考的时候，李月震却成了一个升学无望的闲人。这时李文亮也早就知道了李月震在学校里的状况，他去学校里找了两次老师，却都不见好转，渐渐也对李月震的功课死了心。

李月震没了后顾之忧，心想着反正都是考不上，索性就放开了玩，于是终日在学校里不见人影，跟学校周边的小摊小贩、卖菜的、开小卖部的都混得挺熟，称兄道弟，吃东西都能赊账，甚至还住到人家家里去。回顾这段往事，李月震虽然觉得有些荒唐，却并不后悔。如今功成名就，每次回到莘县，和这帮老熟人打个招呼，还是那般亲切。

中考成绩出来，李月震自知实在看不过眼，也根本没法让家人帮忙托关系上高中，索性很自觉地要求留级。与李月震一起留级的还有一帮同学，基本上都是城里的干部子弟或是有钱人家的孩子，生活无忧，无心学习。每当李月震动了念头想要好好学习的时候，总会有这样或那样的诱惑让他断了念想。时隔多年，李月震仍然有些遗憾：“只要有了这个环境，你就很难变好了，身不由己。”

其实好与坏并没有一个标准。都说环境改变人，李月震也许确实是被环境改变了。如果不是当年与女同桌的冲突，或者当时老师能善加开导拉他一把，而不是用写检查这样的方式让他心生抵触，也许李月震最终会考上一所大学，现在在某个科研机构里搞着他的研究。可如果不是因为这种种原因导致李月震“自暴自弃”，那他也就不会那么早地接触社会，大概也就不会有今后的那番成就了。

那两年的李月震就像是个迷路的孩子，并不知道自己未来的方向。迷路，有可能让他就像当年离家出走时那样，不得不走回头路，却最终误打误撞，寻得了桃花源。李月震当时并没有意识到，正是这两年的历练成就了他今后事业的开端。尽管他为自己没能完成学业而感到遗憾，但却收获了求学过程中最重要的东西——友情。如果李文亮当时知道李月震认识的这帮朋友会给他今后的事业带来多么大的帮助，也许还是会感到欣慰的吧。

1987 年春末夏初的一天，新金线河上夕阳西沉，拉长了岸边行走的一个落寞身影。河水拍打着河岸，泛起一些白色的泡沫，间或有几颗小石子落入河中，激起些许浪花。不时有村民路过，对着这个少年喊道：“二小，还不回家吃饭啊？”这少年随声应和却并不停步，时不时抬头，望着夕阳的方向若有所思。

此时的李月震已退学回家，原因是家里帮他相了门亲事。那时候农村有个观念，上着学好找媳妇，找到了媳妇之后上不上学也无所谓了。所以订完婚李月震又不愿意上学，家人也就不必再勉强了。

退学在家的这段时间，李月震的同学不时沿河前来探望，一来就是二三十人，热闹一番后各自散去。同学们走后，李月震总是怅然若失，满腹心事地在河边行走。他常常想起自己离开学校的那一天，几个至交好友痛痛快快地喝了一场，自己回到宿舍收拾好不多的行李，干脆利落地就那样走了。走的时候他并不觉得留恋，但此时的他却觉得分外迷惘。“大家都在上学，我要做些什么呢？”

那时的新金线河未经治理，水急浪大，河中偶尔有大旋涡发出“呜呜”的吼声，声势堪比黄河。李月震对着一个旋涡看得入了迷，他从小在这河边长大，水性好，胆子也大，时不时下水挑战一下这些没人敢碰的漩涡。这些年来，他早就能在足以要人命的漩涡中来去自如。漩涡看着危险，重在顺势而为，如果顶着干，漩涡可不会放过你，你越害怕越挣扎，漩涡就显得越强大。

李月震脱了衣服跃入河中，冰冷的河水冻得他一激灵。漩涡拉扯着他，拽着他，但李月震顺着水势摆脱了漩涡，被冲出去好远。星星月亮探出了脑袋，李月震累了，仰面漂在水上望着天空，脑海中浮现出自幼熟稔的岳飞《满江红》中的诗句：“莫等闲，白了少年头，空悲切！”

人生路上难免有些大大小小的漩涡，如果畏惧艰险不敢向前，那未来永远是可望而不可即的。天生我材必有用，条条大路通罗马！但脚下的路，还得靠自己一步一步走出来！

李月震的人生河流从此改道。那一年，他还不满十八岁。

第二章　创　业

第一节 人活着，就该有些梦想

李月震不上学了，虽然在家里吃饭喝酒也花不了多少钱，但总不能天天这样不务正业吧，那是会被人笑话的。

总该找点事做，李月震想。

在农村，最现实的生计就是种地。不过李月震实在不愿意种地，他算过两笔账。

一是种地耗时耗力，那时不像现在有收割机，种地全靠人力，一点空闲都没有。二是种地根本不赚钱，麦子两三毛钱一斤，辛苦一年也剩不下多少钱。哪怕是卖冰糕一年下来都能比种地强上许多。

说李月震好高骛远也好，说他心怀梦想也罢，他是一门心思要找个法子逃出土地这个“牢笼”。

自古以来，中国人就讲究个“士农工商”，求学不成，又不想务农，也没有门路去哪家工厂，剩下的路只能是做些小买卖了。那是在 80 年代末，邓小平那“让一部分人先富起来”的宣言激励着有志向的中国人通过市场经济发家致富。下海经商已经不是要被割掉的“资本主义尾巴”，而是个堂堂正正的事了。

恰好李月震也有这个想法，他在莘县上学那些年，就跟小摊小贩有过交往，而今也在琢磨着做点什么小买卖呢！

机会很快就来了。

有一天，有个绰号叫王六的朋友前来拜访他，一进门就老大的不高兴。

李月震开口问道："这是怎么了，兄弟？你今天不看店了？"原来，王六平时在他哥哥开的烟酒店里帮忙，李月震上学的时候也常去他们店里玩。

"别提了，我哥把我给揍了，不让我干了。"王六哭丧着脸，非常郁闷地说。

李月震一听就差不多明白了，这王六原先就是跟自己一起混日子的，赚了些钱就吃喝玩乐，他哥哪有不生气的道理。李月震安慰了几句，问王六今后的打算。

"不干就不干，要不咱俩合计一下，到县城自己开个店好了！"

王六的提议说得李月震心中一动，这不正打算做生意嘛！两人一拍即合，商议后决定到县城开一家时装店。

李月震是个行动派，既然想好了卖什么，就马上开始筹划。做生意需要本钱，可当时李月震两手空空，只好去找父亲帮忙。

"爸，我打算到县城弄个门店卖时装，你看成不？"

这段时间，李文亮虽然还对李月震退学一事耿耿于怀，但毕竟爱子心切，看他整日在河边徘徊，也觉得有点担心。李月震主动提出要找点事做，李文亮哪有不答应的道理，他还是看好这个儿子，哪怕不读书了，那也该在其他方面有些长进才好。李月震要开店，不管赚不赚钱，多少也能学点经商的门道，而且谁知道这小子究竟能折腾出点什么动静呢！

李文亮很爽快地拿出来200元钱，对李月震说："开店可以，但既然做了，就得给我好好干！明白了吗？"

知道父亲还是担心自己，李月震接过钱，郑重地点了点头。

王六同样也回家拿了200元钱，这总共的400元，就是他们开服装店的本钱了。好在当时的房租也便宜，一个店面只要60块钱的月租金。

租好房子进了货，简单装修一下，他们的“迷迷迷时装店”开业了！

初次创业，李月震很是上心。要想生意好就得有拳头产品，用现在的话说叫“爆款”，由于当时电影《霹雳舞》红遍大江南北，不少青少年对尚格·云顿在电影中的舞姿颇为痴迷，于是李月震决定借势主营健美裤和长筒袜。为了进货，李月震千里迢迢地跑到石家庄，四五块钱进的健美裤在当时能卖到将近 20 块钱，这可是 300% 多的利润！袜子更不必说了，利润更高，到现在都还是地摊上的主营产品呢！

趁着电影《霹雳舞》的大热之势，“迷迷迷时装店”生意兴隆，顾客不请自来。也多亏了《霹雳舞》的免费宣传，初入商海的李月震第一次尝到了赚钱的滋味。

当然，这些都是以后来的眼光所评价的。当时也许还不时兴“创业”这个词，最多只能叫“做点小生意”，而且也不会有“宣传”的概念，但没有概念并不代表这些事情不存在，这也许只能解释为李月震的一种直觉和商业方面的天赋吧。如果不能把想法化为行动，无论如何都是不能赚钱的，想了就要去做，这是李月震最终能取得成功的基石所在。

如果当时这个服装店能够顺利经营下去，没准现在的李月震会是一家服装连锁售卖企业的老总。但生活没有如果，当时的李月震还是太年轻了，虽然闭门思过了几个月，但年轻人贪玩的心最终还是让李月震的初次创业以失败告终。

李月震喜欢交朋友，又是在莘县上的学，这些朋友知道他开了家店，时不时就过来找他玩。这些朋友还真没拿李月震当外人，拿衣服的拿衣服的，吃饭的吃饭，也就是打个招呼的事。李月震对朋友也大方，手上又有了些钱，觉得招待朋友也是理所当然的。平日里和朋友们出入一些饭店酒馆，也都是李月震埋的单。

朋友们来来去去地消费，店里的钱自然就少了，再加上当时的李月震还是有些贪玩，渐渐地心思也不放在店里了，生意开始每况愈下。就这样过了半年多，李月震觉得手上有点儿紧，一算账可吓了一跳！原先生意那么好，以为肯定赔不了，没想到现在非但没赚着钱，不知不觉连那 400 块本钱都赔光了！

这生意算是做不下去了，还是把店转让了吧。

李月震把服装店转给了县城当地的两个伙计。这两伙计看李月震的店原本生意不错，只是后来因为经营不善才赔了钱，于是跟李月震约定让他们先干着，等赚了钱就把本钱还给李月震。李月震跟那两伙计也算认识，当时也没想着要签个合同之类的，很痛快便答应了，心想等生意好起来，多少能拿回个本钱，回家也好交代。不料那两个伙计重蹈了李月震的覆辙，再大的服装店也经不起一大帮朋友的吃喝，想赚钱是不可能的，而李月震原计划拿回的本钱当然也就没戏了。

事已至此，李月震只好自己骑着车子，灰溜溜地回家了。

母亲看到李月震一个人就这么回来，有些急了："让你做买卖去，你倒好！你带去做饭的锅呢？赔了也就赔了，连锅都没带回来！别人欠你钱，你还不要账去！"

李月震又只好灰溜溜地自己骑车到县城去要账。可那两伙计真是没钱啊，李月震又放不下面子，只好在人家那里玩了几天。当时通信不发达，没电话更没手机，家里人看李月震走了也没个消息，又有些慌了，钱赔了就赔了吧，这去要账别要出点儿出事才好啊，于是赶紧想办法把李月震叫回了家。

李月震的服装店开了不到两年，赔了 400 块钱，生意失败的那年，他已经 20 岁了。

经营服装店算是失败了，如果换作别人，也许早已知难而退，觉得自己不是做生意的料。可李月震偏偏不这么想，通过这一年多的经历，他反而更加坚定了经商的想法。上学不是他自己选的路，可做生意却是他自己挑的，做这个生意不行，就换个生意做做，这世界上有的是生意呢！既然是做生意，赚钱赔钱都很正常，最要紧的是要坚持，要有口气在！再说那时装店刚开始的时候不是也赚钱了吗？

李月震从这件事中也逐渐明白，想要致富，除了开源更要节流。也正是从那时候开始，李月震慢慢改掉了胡乱花钱的毛病，懂得要珍惜来之不易的财富。

李月震回家休息了一阵子，又琢磨起往后的计划来。以前农村几乎家家户户都会养猪，有些会留到过年准备开荤。那是 20 世纪 90 代初，十余年的改革开放让人民的生活越来越好，李月震想，这以后吃得起猪肉的人肯定越来越多，那就来养猪吧！

也许有人要问，养猪和种地都是农活，李月震不想种地怎么会愿意养猪呢？如果有谁这么想，那就太小看李月震的志向了。李月震想的可不是简单地养个十头二十头猪来改善一下生活那样简单，在连猪的影子都没见着的时候，他就已经开始在琢磨如何做大做强，如何发展做成一个大养猪场了！

退一步说，养猪也确实比种地有前途。土地面积是固定的，一亩地能产多少粮食，基本上也是固定的，总要有个最高的限额。要想通过种地得到发展，最好变成农场主才行，这在当时的政策环境下明显不现实。而养猪则不然，大猪生小猪，可以越养越多的，另外卖猪总比卖麦子赚钱吧。若干年后，当网易的丁磊宣布要养猪时，舆论一片哗然，但随后几年猪肉价格一路上涨，谁能不夸赞丁磊有“先见之明”呢？其实这就是商业嗅觉，有市场需求，就有盈利前景，时年 20 岁的李月震想得还真是有些超前。

在这之前，李月震也仅仅是看家里人喂猪，具体怎么科学地进行生猪饲养，他也并不是很清楚。不过既然是奔着大养猪场去的，那自然不能按着土办法来，要学习怎么科学养猪。李月震买回了一堆书，凭着那种不要命的劲头钻研了半个月，总算大致弄明白了养猪的方法。

一般农村家里养猪，就是随便喂点饲料，猪圈大都弄得又脏又臭，李月震觉得这样不行，环境好猪才能长得快，于是自己动手设计猪圈，甚至把猪圈盖得跟人住的房子似的。一开始还属于半实验状态，不敢多养，一次只养了十几头，猪长得挺好，可惜卖的时候赶上价格走低，事后李月震算了一下账，差不多是不赚不亏。

碰上这种事，可能很多人会觉得自己没有赚钱的命。但李月震不这么想，我命由己不由天，自己不可能控制猪的价格，但可以把猪养得更好！再说猪的价格有低的时候，自然也就会有高的时候，谁知道以后会是个什么情况呢？他从头再来，更加用心地照顾那些猪仔，可上天似乎是在刻意考验他，在他卖出的时候，猪价依然没有上扬，结果仍然和上次一样——不赚不亏。

李月震的商业嗅觉是敏锐的，但年轻的他对市场规律毕竟缺乏把握，只是坚定地沿着自己选择的道路前行。那时的他，有的是一腔热血，却没有足够的资金、经验乃至运气将最初的想法变成现实。

此后的李月震又卖过煤炭，卖过菜，但也都没能如他所愿地“做大做强”。不过他从未放弃，在当初骑着机动三轮车送煤送菜的李月震心中，始终保持着这样一个信念——我偏不信除了种田就没别的出路，我偏不信自己不行，坚持，坚持，只要坚持下去，一定能成功！

命运总是垂青有准备的人。如果李月震也像那些失败一次就一蹶不振的人那样，怀疑自己，相信命运，那也不会有日后的成功。跌倒，爬起，再跌倒，再爬起，坚持就是胜利，李月震始终相信自己一定能有一番作为。

这就是梦想的力量。这份力量，在李月震年幼时就已深藏在他的心中，幼时调皮捣蛋，他都常常做出一些惊人之举，后来从商也都是敢想敢为，开时装店就要引领时尚，养猪就想发展成大型养猪场，哪怕运煤运菜，也想着有朝一日要成为远近闻名的大批发商。

现在的李月震，已不是那个调皮捣蛋的少年，梦想的力量让他成为了一个有理想有抱负的优秀青年，如今这股力量积蓄在他的心中，等待着厚积薄发的那一刻。

所以李月震在成功之后常说：“人活着，就该有些梦想。”如果他在任何一次失败面前都选择驻足不前，又怎会有今日的成功呢？如果连想都不敢想，做都不去做，成功又如何会来找你呢？

如果人没有梦想，又跟咸鱼有什么区别？

李月震的故事，是一个梦想最终实现的故事，是一个小树苗坚持着开花结果的故事。

第二节　男大当婚

20 岁那年春节，李月震完成了一件人生大事——结婚。

当年他退学的一个重要原因就是家里给他介绍了一个姑娘，订了婚。如今两年多过去了，李月震也在外历练了一番，按照当时农村的观念，也是时候男大当婚了。

新娘是邻村的姑娘李秀芹，比李月震大三岁。

结婚那天，李丙东村热闹非凡，李月震身着将军服，踏着马靴，英姿飒爽。两人入了婚房，还真有些尴尬，此前两人也只是逢年过节才偶尔见一两次面，如今要共同面对未来的生活了。

谁料到结完婚没两星期，李月震就干了一件挺“不孝顺”的事——分家。

这下母亲可不乐意了，心想这孩子刚结婚就心急着分家，唱的是哪出啊？刚结婚的孩子哪里懂得怎么过日子，要分家起码也得等生完孩子再分吧。这一分家，村里的人不是说老人家把孩子往外赶，就是说孩子不孝顺，面子上多不好看啊，这事要传开了，脸可要丢大了。

李月震早知母亲会反对，提前便准备好了一套说辞：“谁说分家就是不孝顺了？我结婚花了家里不少钱，要不分家还得花更多的钱。你们还要给我买衣服，供应我吃住，添置东西，这些都得花钱。我现在能赚钱，不用你们养着我了，我赚了钱还会拿回来孝顺你们呢。再说分了家我也会常回来的，咱们自己家的事，管别人说啥呢。”

母亲虽然心里不乐意，但一来李月震说得在理，二来也确实拗不过他，只好由他去了。

然而母亲担心的“面子上的事”并没有发生。似乎村里的年轻人都等着有人捅破分家这层窗户纸，却没人敢像李月震那样说分就分。有了李月震这个榜样，李丙东村和附近村子的新人都是结了婚就分家。其实“分家”这种事，老人孩子都是愿意的，只是碍于习俗，怕人说闲话，才没人敢这么做。李月震带了这个头，倒是让村里的老老少少都解脱了。

李月震结完婚的时候刚好赶上村子里分地，每家有八分的口粮地，如果想要更多的地就得交材料。眼看着村里大部分人家都依着规定交了材料要了两亩地，而李月震却迟迟没有动静，李秀芹就找李月震商量，不料刚要开口，就被李月震一口拒绝：“要地干吗，反正我又不想种地。”

“那咱吃啥啊？”李秀芹是老实本分的姑娘，总觉得家里有地心里才踏实。

“不是还有八分口粮地吗？够吃了，种多了也没用。”在种地这件事上，李月震是不肯商量的，他一门心思想着做生意，压根儿就没想过要是做生意失败了怎么办，如果不是媳妇担心没得吃，搞不好连口粮地都不要了。也许这就是置之死地而后生吧，李月震根本就没想过给自己留退路，即便是那八分口粮地，种了两年之后也让他给租出去了。

李月震就这样彻底斩断了土地对他的羁绊。

婚后的李月震除了开着三轮车倒腾些煤球生意，平日就在家里呼朋唤友。说起仗义，李月震那真是没的说，虽然长得不高不壮，但为朋友两肋插刀的事李月震可没少干。

有一次，一个朋友来找李月震，说是因为言语不和被邻村的人欺负了。李月震二话不说，抄起刀子就往外走，怎么拦也拦不住，非要上门给朋友讨个公道。李月震的“胆大妄为”可是名声在外，别看身材瘦小，但没人敢下的河他敢下，没人敢闯的漩涡他敢闯，就是个天不怕地不怕的主。对方一看李月震拿着刀子找上门来，哪怕在自家地盘也是气短三分，老老实实地道了歉。

虽说这事有点莽撞，万一真动起手来难保会是什么结果，不过当时的李月震年轻气盛，听说朋友被欺负了一定不肯轻易罢休的。李月震常常把朋友的事当成自己的事，甚至比自己的事还上心，所以村里的年轻人都爱跟李月震玩，遇到什么事也都喜欢让他帮忙拿个主意，俨然是村里仗义的“带头大哥”。

平日里，大家时常聚在李月震家吃饭，吃完就围坐一圈喝酒聊天。当然，这些朋友也不是白吃白喝，要是赶上家里没柴火了，这帮弟兄就会主动出力帮忙，碰上农忙时节，大伙知道李月震不愿种地，也会帮忙照料田里的庄稼，搞得李秀芹都在一边笑着“抱怨”，好似家里养了群田螺姑娘，自己都没什么活可干了。

这些朋友在日后都为李月震的事业付出了很多，不仅如此，李月震对后来交的朋友通常也都肝胆相照，没有花言巧语，凭的就是“以诚相待”四个字。李月震说：“交朋友不能什么事都斤斤计较，光看到自己的利益，这样没人跟你玩。朋友都是互相帮出来的，不是装出来的。如果是为了利益，为了建立关系去装一装，一时半会儿可以，但时间长了是装不了的，迟早得暴露，这个关系也好不了。所以不是说坏人不能变好，好人不会变坏，但是江山易改本性难移，人的本性是从小时候的熏陶或者多年的锻炼积累来的，坏人要装好人，绝对是装不了的。”

对朋友好的人，对老婆通常也差不了。

结婚前，本来李月震还挺担心婆媳关系这个自古以来的难题。要是结了婚以后媳妇总跟老人闹别扭，甚至到了夏天找老人家要个蚊帐都要引发矛盾，这可不好。更有些人家弄得跟邻里的关系也不融洽，谁家的鸡跑到谁家去了，谁家的东西丢了这种事也能吵上两天。这些都是农村挺常见的事，李月震实在不愿意这些家长里短发生在自己身上，他跟李秀芹毕竟是相亲认识的，先前也不是那么了解，结了婚到底会如何，他心里还真是没底。

一年过去了，两年过去了，李秀芹从来没跟婆婆红过脸，一直把李月震的父母当做自己的父母孝敬。孝敬老人是李月震最看重的品德，这来自于父亲李文亮的言传身教。李文亮是当地远近闻名的孝子，对自己的老人包括对老岳父都很好，甚至会花一两百块钱给老人买皮帽子、皮袄。要知道20世纪80年代末90年代初，这一两百块钱可是大数，李文亮虽然不穷但也不富，这些钱还都是事先找朋友借的。自己还没过好，但先要让老人家过好了，顾着自己的老人还会想着老岳父，这就更难能可贵了。后来，李文亮更是在事业的黄金时期义无反顾地回到农村照顾老人，即便是伺候老人吃喝拉撒也不嫌烦。都说“父母在不远游”，可真正能做到的又有几个呢？

李秀芹孝敬老人，李月震是看在眼里，记在心上的，这对老人好的媳妇，能差吗？李秀芹对李月震也是没得说，她知道李月震不愿意种地，也知道丈夫的志向，所以田里的农活再苦再累都不愿让李月震帮忙，一心一意支持李月震闯出点名堂。会孝敬老人，又会为人处世，对自己又好，这样的老婆哪找啊！以心换心，李月震和李秀芹的感情越来越深，这么多年，他们从没吵过架，用李月震的话说：“媳妇这么老实，咱不能欺负人家。”

正是这份淳朴，让他们共同走过了这20多年的风雨。家庭也成为了李月震身后的支柱，为他遮风挡雨，成为他疲惫时可以休憩的港湾。都说家和万事兴，李月震事业的成功必然离不开家人的支持。

俗话说女大三，抱金砖，如今李月震把家安在了济南，让家人都过上了好日子。他和李秀芹有两个儿子，平时一得闲定要抽空回家看看，当然更不忘要回李丙东村走一遭看望老父亲。原本李月震也想把李文亮接到济南来住，但老人家实在不习惯城市的生活，只好又搬回了厂里的家属楼居住。如今李文亮居住的房子宽敞明亮，外面就是个小花园，绿树成荫，空气清新，可以散步、遛鸟。周围的花草树木都是当初建立厂房时一并种下的，李月震始终没有忘记李丙东村是自己的家园，自己要建的不仅仅只是一个工厂，还是大家安居乐业的地方。

随着这两年业务的扩张，李月震越来越忙，在家的时间也越来越少，不过家里的事他都会惦记着。三八妇女节的时候，他会给老婆发个短信祝福，会突然赶回家去给李秀芹一个惊喜，非要带她逛街买节日礼物。李秀芹还不时会收到一些有点儿"莫名其妙"的短信，比如前阵子李秀芹就收到李月震这么一条短信："老婆，这些年你辛苦了。"大概是李月震当时回忆起了什么，于是用这样的方式与妻子分享吧。

回村的时候，李月震经常带一些按摩椅、洗脚盆之类的健康器具给父亲，虽然他也知道父亲可能并不会经常使用，但看到这些东西，老人家一定就能想到，儿子虽然出门在外，但心可都在家里呢。

对孩子，李月震虽有期望，却也并不想给他们太大的压力。大儿子如今在澳洲留学，也算弥补了当年自己的遗憾。李月震说，如果孩子学业有成未来能接企业的班固然好，但孩子没有兴趣的话也不必勉强，到时把企业交还给社会便是，只希望孩子能快乐开心就好。小儿子有点儿艺术天赋，恰好李月震自己也有文化情结，要是能看到孩子在艺术上能有所成就，也是一番乐事。

前一阵子李月震回家时自己下厨炒了两个菜，这手艺还是当年上学时学会的。不是什么山珍海味，就是简单的家常菜，一家人却吃得很香。当年李月震走出李丙东村，想的是“不能让媳妇跟着我吃窝头咸菜，要让她过上好日子”，如今好日子真的来了，但最让人安心的，其实还是一家人围坐在一起吃顿便饭，厨房里有烟火味。

简单的幸福，其实最是难得。

第三节　闯关东

李月震终于成了家，几个孩子的人生大事也都有了着落，李文亮的心终于踏实了。没过多久，李文亮做出了一个重大决定，村干部不干了，要到东北佳木斯卖电缆去。

李文亮原先在村里一直是管副业的村干部，思想比较活跃，也一直在做一些小生意，开过店，卖过电褥子，做得最好的是月饼生意。因为有这些小生意支撑，所以李文亮家也一直是村子里过得比较富裕的。

那时李文亮经常带着李月震，赶着驴车，拉着月饼到镇上的中心街去卖。李月震小时候会惦记着做月饼，多少也是因为这样的耳濡目染，直到此后认准了经商这条路，也跟家庭的影响不无关系。其实李月震的“能折腾”、“敢做梦”在很大程度上是受了父亲李文亮的影响。

比如说这次李文亮想去佳木斯卖电缆，就是想趁着自己还年轻，为这个家，为这些儿女再拼搏一次。当然，之所以选择卖电缆并不是突发奇想，这也是有由头的。

阳谷是著名的电缆之乡，不大的地方却遍布着数家大大小小的电缆厂，在山东颇负盛名。虽是近水楼台，但由于李丙东村比较偏僻，直到李月震结婚那年，才由李文亮牵头，让全村通上了电。那是在1990年，改革开放的第十二个年头，深圳特区红红火火，上海浦东蓄势待发，李文亮在壮年时赶上了改革开放的好年景，看到别人有在东北做电线电缆生意赚到钱的，心里便开始琢磨：要发展经济就缺不了电，以后电力肯定越来越普及，要不要趁着这改革开放的春风拼一次，也到东北去经营电线电缆？原先还不放心家里的孩子，现在二小也结了婚，自己的任务也算完成了，再不抓住这机会恐怕真的就晚了！

计划已定，李文亮便开始着手准备，后来通过打听得知，恰好有个相熟的老乡在佳木斯经营电缆，于是他打点行装，踏上了行程。只是李文亮一定没有想到，他的这一决定改变了整个家族，乃至整个村子的命运。

改变命运靠的是以诚待人，李文亮当村干部的时候就常常义务帮村里人的忙。谁家盖房子有困难，他带上兄弟二话不说埋头就干，干完活饭也不吃就走了。谁家有人生病，或者孩子要结婚缺钱了，李文亮也是义不容辞帮忙补贴。

正是因为对李文亮人品的信任，朋友们听说他要做生意，纷纷表示愿意帮忙，甚至主动提出可以先赊账发货，一点儿都不担心这货款会要不回来。李文亮也确实讲信誉，不管是对顾客还是供货商，从来都是说到做到，比某些签订了白纸黑字的合同都要靠谱。有一次佳木斯下了大雨，路况很差，大家都劝李文亮说不要去送货了，遇到这种情况跟顾客说一声，人家也能理解，可李文亮却觉得答应了人家的事就要尽力做到，硬是自己开车冒着雨把货送到了工地上。还有一次店里偏巧没有足够的现金，却恰好又赶上了账款到期，李文亮二话不说自己先行垫付，事后也没有跟合伙人计较。

谁都愿意跟李文亮这种人做生意，做了第一次还想做第二次。很快，李文亮就靠着自己的诚信在佳木斯站稳了脚跟，以至于供货厂商要是对哪个单子不放心，都会派专车把李文亮接去，让他做担保人才好。

两三年以后，李文亮手上已经积累了二三十万元的资金，这在当时已经是个很了不起的数字了。可就在佳木斯的生意风生水起之时，李文亮又做出了一个出人意料的决定——回家。这个决定在旁人来看是难以理解的，李文亮却没有丝毫犹豫。当时家里老人家身体欠安，李文亮放心不下，一心急着赶回家去照顾老人，再大的生意也远没有家人的健康重要。

回家以后，李文亮拿赚来的钱给自己和几个孩子盖了新房。要说心有不甘，那还是有一些的，虽然钱是赚了一点，但毕竟事业还在上升期，为了老人回家责无旁贷，但李文亮也常常在想，假如当时没有撤退，那现在会是何种光景。想着想着，平日里也难免跟李月震念叨一些在佳木斯时的趣闻轶事，讲讲生意场上的道理。

这些故事让李月震听得心潮澎湃。李月震从小就是李文亮的好帮手，两年前他也本想去佳木斯的，可因为母亲和哥哥都已经随父亲去了佳木斯，家里总得留个人照应，而且当时李月震的孩子刚出生不久，所以选择了留下。没能跟父亲一起闯荡，李月震心里还是有些遗憾的，如今看着父亲衣锦还乡，盖了新房，李月震的脑子又转了起来——为何不继续在山东卖电缆呢？

恰巧此时，李文亮也有些发愁。不是为自己愁，而是为几个孩子愁。虽说有句老话叫做“儿孙自有儿孙福”，可同样还有句老话叫做“可怜天下父母心”，虽然盖了新房，但这几个孩子总该有个安身立命的事做才好，特别是小儿子李月震，不愿意种地，这几年折腾一些生意又没赚到什么钱，还是得在自己有能力的时候帮衬一把才好。

有一天，李文亮又在饭桌上说起了佳木斯的往事，李月震终于憋不住了：“爸，您也别说了，说得我馋，我看咱们就在山东接着卖电缆，我还像以前一样给您做帮手！”

李文亮笑着看了看儿子，心想这小子想得跟自己是一样的啊，自己离开家这两年，二小的孩子都这么大了，二小也到了该立业的时候了。他拍了拍李月震的肩膀，笑着夸赞道：“好小子！想着有出息了啊！”

梦能成真

父子齐心，其利断金，两人脾气相投，既然说定了，很快就到枣庄、济宁、德州、济南跑了一圈考察市场，考虑到省会市场比较大，最终决定就在济南发展。后来，济南成为了李月震的重要根据地，他的故事也要翻开新的一页了。

如果说李月震的成功要感谢哪个人，那一定就是他的父亲李文亮。做生意难免有意见不一的时候，但这对父子从来没吵过架。随着后来李月震事业的发展壮大，李文亮逐渐退居幕后，但对这个小儿子的作为，他都是最坚定的支持者。

李文亮很少跟李月震谈一些大道理，但父亲的一言一行都在默默地影响着李月震的人生观、价值观。从小调皮捣蛋，但并未因此走上邪路，多半也是因为父亲这榜样的力量在时时提醒着他，要做一个正直的、对社会有贡献的人，有了父亲的宽容和以身垂范，这才有了如今的浪子回头。至于如何把生意做大这样的问题，当时的李文亮也无法给儿子现成的答案，还需李月震自己到商海中打磨历练一番。不过，李月震仍然在父亲身上学到了做生意的真谛——做生意就是做人，要朋友帮衬，要讲诚信。所以李月震的经商哲学其实并无什么花巧之处，如果非要用一个字来概括，那就是“诚”——对朋友诚，对合作伙伴诚，对客户诚。有了这个“诚”字，李月震的朋友才越来越多，生意才能越做越大。其实将生意做大只是表象，关键是做人做到位了，生意自然也就水到渠成。所谓父子间的言传身教，大抵就是这样吧。

1994 年，小平同志南巡带来了新一轮的改革开放热潮，神州大地正等待着有志青年一展拳脚。我们的主人公李月震也即将迎来他人生的“蜕变”。

第三章　蜕　变

第一节 “小怪孩”进济南

到了济南，李月震真的彻底收心了，不玩了，一心钻进了事业里。既然父亲到佳木斯两三年就能带回几十万元钱，那如果自己好好干，岂不是能有几百万元，上千万元？但当时的他怎么也没能想到，十几年后，现实会远远超出他当初的想象。

这一次，他有一种前所未有的预感，他觉得这次的事业一定能成功，同时也拿出了前所未有的干劲！想开店就要先找门面房，为了找一个合适的地方，李月震和父亲跑遍了济南的大街小巷，同时还得腾出精力来办理营业执照。经过近一年的筹备，店面终于在 1995 年年初开张了，招牌上写着醒目的“阳谷电缆”四个大字，边上还有“国营电缆厂”几个小字。

这样的招牌在当时几乎是济南经营电线电缆生意的标配，也不管经营的电缆是从哪儿来的，招牌上总得沾沾“阳谷电缆”的光，而为了取得顾客的信任，还不忘再加上“国营电缆厂”这几个字。所以当时乍一看上去，济南几乎满大街卖电缆的都在打着阳谷电缆的旗号。

济南毕竟是省城，不像佳木斯地处偏远，各项开支都大。李文亮带回的 20 多万元钱，盖完房子就已经所剩无几，再扣掉店面租金等前期投入，到了新店开张时实际上已经没剩什么钱了。虽然李月震向来没把几十万块钱看在眼里，可做电缆生意还是得要实打实的本钱，都没钱进货了哪里还谈得到销售呢？碰上这种事，别说几十万元，一两万元都能愁死人了。

这时候，又是李文亮多年积累下来的信誉和人脉发挥了作用。厂商愿意只收取部分押金就给他们供货，压一万块钱就能先拿价值三五万块钱的货。话说回来，这个店能开起来也多亏了厂商帮忙，这个厂商原本在济南就有些经销商，这些经销商对李文亮他们到济南开店有些意见，不希望厂商给他们供货。好在厂商跟李文亮也是多年的朋友，一直都有合作往来而且彼此知根知底，听说是李文亮要在济南接着卖电缆，硬是顶住压力坚决支持。

有了厂商的支持，进货自然没有问题了，但流动资金还是有些吃紧。李月震见这种情况，义不容辞地找村里的弟兄和同学打探了一番。以前李月震没少帮大伙的忙，听说李月震要去济南经营电缆但还缺点钱，大家纷纷解囊相助，特别是一个在银行工作的同学，还帮忙疏通关系弄到了一笔小额贷款。

就在李文亮还在为钱发愁的时候，李月震带着借来的五万块钱回来了。他把五捆钞票往桌上一拍，笑呵呵地看着父亲，李文亮愣了一下，随后才反应过来："好小子！没白混啊！"

有了这些钱，店面总算可以开始正常运转了。

李月震毕竟没接触过这个行业，所以最开始的时候对经营还是一窍不通的，店里的生意主要由父亲和当时跟随父亲一起去佳木斯的二姐夫邹宽文打理。李文亮有意培养这个小儿子，希望他能尽早独当一面，所以出去洽谈业务时总会带上李月震。

李月震勤快，脑子也灵活，很快就跟客户打成一片。日后他独辟蹊径，重视市场、重视渠道，也许跟自己年轻时候做业务的出身不无关系。要说这里面有什么秘诀，其实还是那个"诚"字，拿客户当朋友，把客户的事当自己的事。平日里与客户交流，李月震就会留心客户的兴趣爱好，逢年过节送一些贴心的礼物，一来二去，客户也就记住了他，真遇到什么事的时候也都会想起他来。有一次，一个客户突然给他打电话，说自己人在外地，家里的水管出了点问题，问他能不能帮忙过去看一下。李月震当即答应了下来，马上帮人家解决了麻烦。甚至还有些客户自己太忙，又看李月震为人老实可靠，有时还会叫他帮忙接送孩子。

这哪里还是什么生意，是真拿他当朋友了。有了这样的信任，还怕生意做不成吗？

慢慢地，李月震摸熟了业务，开始像以前一样，脑子里有了一些奇思妙想。

有一天，李月震在媒体上看到了一些关于南方沿海城市电器商场的报道。人家的电器干净整齐地摆在货架上，顾客一进门，所有货物一目了然，便于挑选。回头看看自己的店，简直就像个“垃圾堆”，电线电缆随意地堆在店里，杂乱无章。客户问起哪个型号，如果店员对店里的摆设不熟，要翻上好半天才能找到，不仅耽误了客户的时间，也耽误了自己的时间，搞不好还让客户觉得自己不够专业。

这时候他突发奇想，为什么不能像卖电器一样卖电缆呢？于是他进了一些货架，把电线电缆分门别类摆放整齐，贴上标签便于顾客挑选。还在墙上挂了一些类似产品金属表这样的图片和如何挑选电缆的示意图，不费口舌就能更加直观地推介自己的产品。

这么一“折腾”，店里变得干净整洁，连地方都显得宽敞多了。和其他的同类店面一比，更是高下立判。

从那以后，李月震开始变着法子改善店里的经营状况，恨不得天天都能想出新方法、新花样。大家也都知道李月震的脾气，想了就会去做，执行力强是他的强项。这不，刚整顿了店容店貌，他又装修起了办公室。

装修办公室可不是为了自己享受，而是为了更好地接待客户。以前他们就在店里办公，所有员工在做什么外人进来一览无余。即便是大客户来了也没地方请人家喝口茶，只能在店里随便搬张凳子坐下来谈，时不时还要招呼着别的顾客，至于报价那就更不方便了。这次李月震隔出了个办公室，完全可以当作会客室来用，请客户到里面谈生意，不仅环境好，私密性也强，生意自然也就更好谈了。

到了夏天，泉城虽比不上那全国几大“火炉”，但还是颇为炎热的，李月震又开了风气之先，率先给店里装上了空调。那时候，有见餐馆装空调的，还真没见过卖电线电缆的也装空调的。来的顾客对此无不赞扬，谁愿意大夏天的钻进闷热破旧的店面里去挑电线电缆呢？李月震的店面干净整洁又凉快，自然更能吸引人。

只是这么一番折腾下来，利润却不见涨。有个别店员甚至有些不理解，电线电缆从来都是那么脏乱差卖的，有必要像现在这么搞吗？也没见其他“脏乱差”的店面生意差到哪儿去嘛！确实，李月震在 1995 年的时候就大搞“形象工程”，大搞客户体验，虽然这样做颇具前瞻性的眼光，却未必能得到所有人的认同，可能也无法在经营方面带来立竿见影的变化。不过这并没有打击李月震的信心，谁不喜欢良好的购物环境呢？不是自己的这个办法不行，肯定是别的地方出了问题。

那几天，他只要有空就会坐在店门口，看着来来往往的人群，琢磨着用什么办法才能吸引他们到店里来看看。如果坐得烦了，他便会去“侦察敌情”，看看别人都是怎么做生意的。看了几天，李月震有些明白了，卖电线电缆不像卖别的东西，这是不需要吆喝行当的。反正店面就在那里，有需求的人自然会找上门来，也极少有人会为了买个电线跑大半个济南，大部分时候还都是图个距离上的方便。所以位置越好的店，进店率就越高，而自己的店虽然环境好，但也只能提高成交率，却很难提高随机顾客的进店率。

酒香也怕巷子深啊！环境再好也要同其他人比了之后才知道。搬家！一定要搬家！

这一搬果真搬出了新天地！店面搬家之后仅仅两年多的时间，店里的盈利就已经达到了两百万元。而此时，离李月震进军济南也仅仅只过了三年。

李月震开玩笑说，自己初入商场的时候是个“小怪孩”。小时候爱玩，变着法子研究怎么做点儿好吃的来解馋，长大了卖电缆，也要想方设法弄出一些新花样来吸引顾客。

也许这样的“玩性”就是李月震的商业天赋，如果这种“玩性”被社会和规矩磨掉了棱角，变得不敢逾越步，那也就不可能做到领先一步了。好在二小在李文亮的宽容保护下保有了“小怪孩”的玩性，这才能做出一些与众不同之事。假如在他幼年调皮时被一通训斥，假如在他少年淘气时被一顿鞭打，也许李月震就会慢慢变“乖”，自然不会再有独树一帜的魄力了。如今，当年“小怪孩”的做法已经成为商界共识，谁敢忽视客户体验，那就是在自取灭亡！

“小怪孩”，玩得精彩！

第二节　遍地开花

1998 年，在李文亮的悉心培养下，李月震已对店面经营的各项事务熟稔于心。此时李文亮已过了耳顺之年，见孩子们争气，也渐渐淡出了一线，时不时找朋友喝上两杯。李月震见他天天喝酒，常常满脸通红地回家来，心里又气又急，生怕父亲这么大年纪，喝酒喝坏了身体，于是有了让父亲退休的念头。

与此同时，李月震也有了自己生产电线的想法。有一次他进货时在厂商处看到了电线的生产过程，觉得还比较简单，就想着自己也来试一试。小时候看见家里做月饼，就会学着自己做月饼，如今看到别人做电线，如果不想着尝试一下，那还真不是李月震的脾气了。他花了几千块钱，在老家的院子里盖了个砖房，又添置了生产设备，将这一切交给哥哥李月芳管理。这个小作坊占去了院子的大部分面积，如今已布满蛛网，成了堆置废弃物的仓库，不过这地方却是李月震事业的一次重要转折点。这也是第一次，李丙东村传出了生产电线的轰鸣声。

其实李月震是不满足于这样的家庭作坊的，他一心想做大做强，只是关于生产方面一些更复杂的工艺，却是当时的他所负担不起的。经过商场的历练，李月震更加成熟了，千里之行，始于足下，做强做大还需要一点一滴、踏踏实实地行动才行。

这样一来，李家的线缆生意在名义上也是产销一条龙了。而这段时间另一个变化，则是李月震的大姐夫李军臣从部队转业回来了。李军臣在交通局工作了一段时间，觉得乏味，看大家在济南将电缆生意经营得热火朝天，于是也过来投奔岳父。

很快，这家人出现了幸福的烦恼，大家都很能干，可一家店面的生意只有那么多，本是不需要太多人照看的。这终究不是长久之计，于是李月震跟大家商量，是不是可以把人力分散开，再开一家店面，也好扩大规模。同时李月震也希望能够趁着这个机会，劝父亲回家养老。老人家为后辈操心了一辈子，要是看到大家都有个好的发展，也就能安心回家享清福了。

这样做对大家都有好处，因此这事很快就定了下来。自家人商议起来也不费事，公平就好，更重要的是能让李文亮放心。现金的分配问题好办，当时李月震他们赚了两百多万元，要留一百万元给李文亮买房养老，剩下的一百来万元四个人平均分配。剩下的问题就是谁管老店，谁管新店了。由于家里哥哥李月芳的小电线厂要出货，再加上大姐夫李军臣刚从部队回来暂时没有多少销售经验，所以李月震要了老店，想多帮衬一下他们。而二姐夫邹宽文熟悉业务，能独当一面，正好负责新店的开张事宜。

过了一年，两家店都赚了钱，李月芳的电线厂也赚了钱，可李月震却又发起愁来。虽说亲兄弟也要明算账，但跟大姐夫的这笔账还真不好算。当时李军臣在店里还算帮忙的性质，李月震心想李军臣现在也积累了销售和管理的经验，如果帮忙介绍一些客户，再赞助点启动资金，他应该也能管理好一家店面，那样就能赚得更多些。于是李月震拿出五万块钱，帮姐夫张罗好店面，又帮忙联系了一些业务，他怕姐夫为难，特意请父亲出面，劝李军臣“单飞”。

不到一年，李军臣也开始赚钱了。

虽说李月震他们一开始的目的是为了大家能够更好地发展，不过从团队作战变为各自单飞，其实也算是一次“分家”。这说起来简单，真做起来却是千难万难。有多少成功的企业，都是因为合伙人之间的分歧矛盾而分崩离析，不光企业受损，感情也受影响。2013年上映的电影《中国合伙人》就描述了合伙人之间的爱恨情仇，风光的背后是许多说不清道不明的纠结。朋友一起做生意如此，而家人一起做生意则更甚，原本和睦的家庭关系，牵扯上利益，难保会有些说不清道不明之处，碍于面子又不好明说，等到问题爆发之时就不可收拾了。其实这也不是谁占便宜谁吃亏的问题，这种事情难以言喻，每个人心里都有一笔自己的账，说起来都有道理，也都是没有对错之分的。

关键是大家都能心平气和地把问题摆在台面上说，互相间能让一让，多为别人考虑，这样才不会有什么问题。李月震他们就是这样“分家”的，所以这非但没有影响到家庭和睦，还让大家的生意都红红火火。所谓分久必合，合久必分，几年后，这家人又拢在了一起，成为了绿灯行电缆产业集群的创业者。此是后话，分开经营带给李月震的最大改变，是经营思路上的转变。

原先他以为，分家从长远来看肯定有好处，但短期内生意多少要受些影响，因为客户数量终归是有限的，门店多了，客户就会分散，而积累新的客户是需要一些时间的。只是他没想到，自己预想的这种状况并没有发生，各家店都在短期内迅猛发展，生意火爆。

李月震思索着这其中的原因。多年来积累下的商业信誉肯定是个重要原因，但能取得这样的效果，一定还有其他的作用力！这些事是李月震非要想明白不可的，他吃饭想，睡觉想，就连上街买东西的时候也在想。有一次，他到银行去取钱，走出银行大门的那一刻，终于豁然开朗！

一家银行要在同一个城市布上三五十个网点，这是为何？只开一家不行吗？多开网点就是为了扩大了辐射半径，方便客户啊！不同的银行之间也有竞争，客户当然愿意选存取款更方便的银行，这样的话，网点少的银行就会被客户抛弃。银行可以这么开，电线电缆同样也可以这样卖啊！现在家里的这几家店不都赚钱了吗，这就是最好的答案。

应该继续开！越是能方便客户的地方，生意就会越来越好，最终的结果一定是越开店越赚钱！销售飘红不仅仅是人的问题，更重要的是经营模式带来的好处。想明白了这点，李月震马上付诸行动，开始着手寻找新的店面。

那一段时间，李月震时常在济南的大街小巷溜达，对于那些繁华路段更是三五天就要跑上一趟，生怕哪里空出了店面被别人抢先一步，不过很长时间他都没有什么收获。直到邻近春节的一天，李月震在街上闲逛，突然发现有五间连在一起的店面空了出来，经询问得知，那个店面原本是当地某知名电缆企业经营多年的省会总部，因为和房东发生矛盾刚刚搬走。这可是天大的机会，如果能租下这些店面，就能够借势发力，取而代之，更可以快速得到一大批遗留客户，李月震一点都没有犹豫，当即找到业主付了定金，把店面定了下来。

此后，李月震为了扩张更是不惜血本，即使是繁华地段上几百元一平米的店面都要强制上马，不久后李月震旗下就拥有了四家店面。再加上大姐夫和二姐夫的店面，整个家族在济南总共有了八九家分店，家家生意红火。

从这以后，抓住时机迅速扩张就成为了李月震一个最为重要的经营战略。

2000年的一天，李月震又刚刚盘下了一个门店，正在装修的时候，他亲自站在店门口招呼工人把刚运来的招牌挂上。招牌上面还是“阳谷电缆”这几个字，但不同的是，这招牌用了一些电缆头的图片做了修饰，材质也跟以往的泡沫板有了天壤之别。光是这招牌，就要花上近两万块钱。李月震觉得这钱花得值，必须花！他就是要让自己的店看起来跟别人的不一样，要高端大气上档次才好。

李月震所有的店面用的都是同样的招牌，相似的布局。老客户到任何一家店里，都会觉得熟悉亲切。虽然只有四家店面并不能真正地称为一个连锁店，而当时的李月震可能也并没有完整的连锁经营意识，只是凭着直觉做出了这些改进。可统一的招牌，不正是连锁店提高辨识度的重要方式吗？而那些印上去的电缆头图片，不是正好起到了企业 Logo 的作用吗？李月震当时所做的这一切，其实就是现代连锁经营的雏形。后来绿灯行之所以能在华北地区迅速打开知名度，旗下那些形象统一的 4S 店发挥了重要作用，这其实也是李月震当年这一思维的延续。

伴随着焊枪发出的嘶嘶声，新招牌方方正正地挂在了门楣上方。李月震凝望了一会儿，觉得还算满意，谢过装修师傅后，又跟店员交代了几句，转身钻进了停在路旁的一辆桑塔纳 2000。

点火、挂挡、松手刹，李月震的动作还显得不是那么熟练。车是新买的，他要驾着它开往刚装修好的新家，老婆孩子正等着他呢。

那一年，恰好是李月震的而立之年。

第三节 走出去，引进来

规模化经营的做法很快就让李月震尝到了甜头，就连说起话来底气也足了许多。有了几家店，在业内闯出一些名头，李月震就开始去找阳谷最大的国营电缆厂——阳谷电缆厂谈合作。

一进门的时候，人家对他还只是礼貌性地客气一番，原以为李月震无非就是来要点散货，可李月震一开口就把人家的经理给吓住了。

“我打算要78万块钱的货，不知道你们这里有没有？”

听到这句话，经理的脸色都变了，一口气拿78万块钱的货，这在当时可是笔天大的生意啊，极少有哪个经销商能有这样的实力。经理知道李月震不是个随便开玩笑的人，既然说要这么多的货，那基本上就可以认为他是带着钱过来的了，于是赶紧和李月震商谈好了返点，并约好了交货日期。

李月震这么做当然有返点优惠的因素所在，一次性进的货越多，返点越高，平均成本就会就低，必然可以提高销售利润。但他更主要的目的是展示实力，让厂商不敢怠慢，从而提高在行业内的地位，让自己以后在行业内能有更多的话语权。

随着业务规模越做越大，李月震和厂商谈判的底气也越来越足，因为厂商都怕失去这个渠道，给出的条件也越来越好，店里的货品质量也随着形势水涨船高。为了和竞争者有所区别，让客户知道自己卖的货质量更好，李月震走起了高端路线。他让厂商出具资质证明摆在样品旁边，还在墙上挂了一些地方领导到厂里视察的照片，让客户知道自己的货都是从哪儿进的，质量是有保证的。

当时几乎没有人会像李月震这么做，也没有能力这样去做，而李月震不但做了，还把这些都写到了与厂商签订的合同里。他又一次引领了风气，“玩”出了新花样。本来这些宣传手段应该是厂商为了提高自己的产品辨识度而主动采用的办法，结果却是李月震这个经销商先想出来的。也许从那时起，李月震就已经在尝试着换位思考，思考着如果自己是厂商的话该如何去做。当时李月震的心里，一定为自己的未来做好了规划。

这样做效果极佳，李月震一下子就把自己所销售的产品从鱼龙混杂的电线电缆市场中区分出来。这些经验也同样得到了延续，后来李月震自己真的成了生产商，同样非常注重这一点，特意给自己的产品准备了一套完备的资质证明，让客户认可自己的品牌。

扩张，上规模，拿到更低的进货价格，获取更高的利润，再扩张……李月震借此形成了一个良性循环，春风得意。

然而这时候，危机也在悄悄酝酿。一些生产商看到电线电缆的市场前景一片光明，纷纷到济南开设门店。不多时日，泉城遍地都是销售电线电缆的门店，市场渐渐饱和。

生意不好做了。李月震的一些“花样”原本还能保持一些竞争优势，但那些办法可不存在什么专利，很快就让别人山寨了去。而且这些“花样”又不用花钱买，拼的就是硬实力，只要肯下本就能做得比李月震更好。

在同质化竞争日益严重的情况下，市场必定会逐渐转化为价格战，虽然店面还在盈利，但李月震实在不想在这片“红海”中搏杀，他第一次动了“走出去”的念头。当年李家的第一桶金就是李文亮从佳木斯带回来的，现在为何不能去别处寻找“蓝海”？

李月震首先想到了北京，要是能把电缆卖到北京去，那才叫把生意做大了呢！只是等他真到了北京，李月震着实有点儿被吓住了，人家的规模与实力远在自己之上，要真去北京厮杀，恐怕是要把自己在济南那八九家店面的家底都赔进去。李月震很快冷静了下来，即便再想到北京证明自己，也要等时机成熟了才好，现阶段还是找一些竞争不是那么激烈的地方才是最佳选择。

那阵子，李月震几乎跑遍了祖国的大江南北，甚至青海、新疆等地都留下了他的足迹，可就在他兴冲冲地四处考察市场的时候，国家的一纸禁令断了他的念想。

原来，随着中国加入世贸组织的进程，2001 年 12 月 3 日，国家质检总局按照世贸组织有关协议和国际通行规则，发布了《强制性产品认证管理规定》，要求对 19 类 132 种产品实施强制性产品认证，简称 CCC 认证或 3C 认证（China Compulsory Certification）。规定于 2002 年 8 月 1 日起实施，在同期发布的《第一批实施强制性产品认证的产品目录》中，第一类产品就是“电线电缆”，实施日期一栏写着 2003 年 5 月 1 日。也就是说，从 2003 年 5 月 1 日起，未获得强制性认证证书的产品和未加中国强制性认证标志（3C 标志）的产品，不得出厂、进口与销售。

李月震的确想“走出去”，却很难迈过“3C 认证”这个门槛。

阳谷县的电线电缆厂家虽多，但真正有能力拿下这个认证的却寥寥无几。李月震盘算着究竟应该怎么办才好。本来好不容易在厂商那边有了一些话语权，可这“3C 认证”一出，能拿到“3C 认证”的厂商一定会提高合作条件，而自己如果想要继续经营下去，又必须与有能力拿到“3C 认证”的厂商进行合作。原先厂商可能还要依赖渠道，可等到规定推行，那些不合格的电缆就都不能销售了，那这些有实力的大电缆厂的货源就会成为紧俏品，价格无疑会提高，自己的利润势必会变少。

思来想去，李月震意外发现了这里的机会！规范市场是个好事，但在这过程中一定会产生阵痛，会有很多人掉队，但同时也给了许多人新的机会。

如何才能适应形势的变化呢？李月震转念一想，既然出不去了，那为什么就不能回来呢？既然别人不容易拿到这“3C认证”，为什么不能自己去拿呢？市场是有了变化，可这变化中不正蕴藏着自己梦寐以求的机会吗？

做强做大是李月震一直以来的梦想，之所以没有真正付诸行动，一方面是因为当时资金不足，积累还不够，但更重要的原因是他很清楚如果自己强行建厂很可能会得不偿失。虽然自己有门店有渠道，但也不可能做到生产多少货就卖出多少，如果建了厂就势必要跟阳谷大大小小几十家厂商同台竞争，这样的事情实在没有多少把握。

可是现在不一样了，李月震已经经营了这么多年的电线电缆生意，太清楚这些厂商的底细了，规定一出，这些竞争对手必然会减少一大半。哪怕他们不顾国家规定仍然在偷偷生产，但有认证的厂家与没有认证的厂家也不可能再在同一个层面上竞争了。如果现在开始建厂，等到开工正好就是国家规定执行的时候，到时候所有的无证产品都不能销售，如果自己能够在那时推出有证产品，必然能够迅速在市场上站稳脚跟！

当初自己想走出去，为的就是寻找一片蓝海，可现在这蓝海不就摆在眼前了吗？李月震越盘算越觉得当下正是最好的时机，“3C认证”对他来说非但不是一种限制，反而是一次重大机遇！市场洗牌，就是等着新的产品、新的人物站上市场舞台。

那些日子，李月震的脑海里充满了关于未来做大做强的梦想，有时甚至会兴奋得睡不着觉，就连半夜醒来都会悄悄打开台灯，拿起放在床头的纸和笔，记录下自己即兴的思考。他生怕要是不记下来，一觉醒来就把来之不易的好点子忘记了。后来，这也成为了他的一种习惯，床头总是备着纸和笔，要不然就觉得睡不踏实。

李月震的纸上记下了回乡建厂的每一个步骤，需要准备的工作，已有和欠缺的资金等问题，同时他记录下的，更是自己对未来的梦想。

李月震兴奋之余一次次盘算着建立厂房所需的资金，心想有七八十万元钱应该也就够了。虽然手上暂时没有这些现钱，但店里还有三四百万元的存货，无论如何也能想办法把这些钱凑出来。那时候找银行贷款不现实，自己没有抵押，一下子要贷这么大的资金恐怕银行不会答应；找朋友借也不妥当，这毕竟不是当年自己开店的时候几万块钱就能解决问题的小数目，而是近百万元的巨款；另外建厂的同时还要维持经营，要不然后续的资金也跟不上。看来也只能去找供货商商量一下了。

李月震也知道这次商量的难度，自己要是回家建了厂，这以后就是最直接的竞争对手，哪个厂商会答应这样的条件呢？可他一时半会儿也没别的招，只好硬着头皮找上门去。

“我想回家建厂，咱们合作这么多年，是不是能支持一下？先给我发货，我卖掉一分钱的货就还你们一分，绝对不会拖欠货款！”李月震也不找什么理由，照实说了事情的原委。

果然那厂商听了后有些为难，这可是要坏了规矩的。李月震也知道这事情勉强不来，但走的时候还是留了句话：“现在我的销量你们也清楚，而且今年我还要再开两家门店，你们如果给我供货，销量肯定是有保证的。如果你们不给我供货，那我也只好去找别人了。我再向你们承诺一次，我卖掉一分钱的货就还你们一分，绝对不会拖欠。”

李月震说得很诚恳，说的也确实是大实话。厂商犹豫了几天才回复李月震，最终还是同意了他的提议。李月震能让厂商接受这样的条件无非靠的是两点原因，一是靠自身店面实打实的销量，没有那样的销量厂商根本不会正眼看他，哪还有这次谈判的基础呢？二是靠他的信誉，这么多年来他从没有拖欠过厂商的货款，既然说了卖一分钱的货就还一分钱，就一定会践行诺言。厂商不怕货款收不回来，这才会愿意给他供货。

商场重利，可有时候却是一诺千金。

2001 年下半年，李月震与主要供货商都达成了类似的协议，要求供货商在他建厂期间必须一直供货，不能中断，而他则要把自己的钱投入到厂房的建设中去。后来这些厂商果然也信守承诺，在李月震建厂期间给予了大力支持。

李丙东村的孩子终于回家了！回家干一番事业，造福一方百姓！

这是一个轮回，机缘巧合，因为“3C 认证”的限制，李月震从“走出去”反倒变成了“引进来”，这个农民的孩子，兜兜转转又回到了家乡，回到了土地。

只是这一次，他要播下的，是希望的种子。

第四章　怒　放

梦能成真

第一节　万丈高楼平地起

刚刚跨入新世纪的时候，阳谷县正在大力招商引资，县城附近可供李月震挑选的地方其实还不少，但他却坚持一定要回村里去建厂！有人说他这是何苦，李丙东村位置偏僻，交通又不方便，就算电缆生产出来了都不好往外运，还得先去修路。再说这村子周围都是乡里乡亲的地，万一征用过来没干好，这压力得多大啊。

这些问题，李月震不是没考虑过。2002年的春节，李家一家人都回到了李丙东村团聚，李月震也回到了家乡。他走在坑坑洼洼的小路上，心里泛起一阵难过，这几年他走南闯北，看到了外面世界的发展，可自己的家乡却仍是这般落后，连条像样的路都没有，一下雨乡亲们出门都不方便，定是要沾得一身泥水。当年李丙东村就是整个阳谷县最后一个通上电的村子，那还是父亲李文亮张罗的呢，如今可不能再落后下去了，回村建厂就是要让村里有个大变样！哪怕有再多的困难，也一定都要克服！要不然怎能对得起从就小关心爱护自己的乡亲们？

除夕夜，家家户户放起了烟火，李月震走到门外，看着烟花绽放的光芒照亮了田地。隔壁就是老宅，是他长大的地方。在那里，他养过猪、贩过羊、拉过煤、运过菜，当年三轮车就停在这屋外。这么多年过去了，自己都开上了小轿车，可村里人的主要交通工具却还是农用三轮车。李月震一边想着心事，一边随意走着。屋后是一排洋槐，树下有一座泥砖砌成的老房，这是村里最老的房子了，经历了近百年的风吹日晒，现在也都缺了边角。当年自己就常在这屋后玩耍，老房的一旁还有个大坑，是村里盖房挖土时留下的，有次不小心，自己还摔了进去，滚了一身泥。想到这里，李月震不由得笑了起来，绕过洋槐走上了田埂。

又一朵烟花在天空中绽放，李月震沿着田埂朝东南方向走去，那里现在还一片空旷，可不久之后，就会有个崭新的厂房伫立其间！

2002 年 3 月 16 日，过完春节还不到一个月，就在李月震一心向往的地方，圈起了 30 亩地。这些地都是自己亲戚的，原本并不连在一起，都是亲戚们用自家地跟乡亲们换过来的，这时田里的麦苗都长到一寸多高了。

这片地的正中央摆着一个供案，李月震烧了香、拜了佛、点了鞭炮，与父亲一起把奠基石放到了地里，奠基石上写着“阳谷力缆厂”这几个字。李月震不愿大张旗鼓，当天来的都是很熟的亲戚和朋友。

培上土，整个奠基仪式就算是完成了。再过不久，这些刚长出来的麦苗就都要被拔掉了，为此，李月震还被母亲教训了一顿，说难道不能等收完麦子再建厂吗？李月震一时不知道该怎么回答，但他知道建厂这事等不得，更知道既然没了庄稼，就一定要让这片土地有更大的产出才能对自己、对家人、对乡亲们有个交代。

李月震清楚地知道，自己这是在赌一把。赌赢了，毕其功于一役，赌输了，大不了从头再来。

这种赌法不是任何人都能赌得起的，也不是任何人都能轻易下这个决心的。如果有一个浑身上下只剩了两块钱的流浪汉，路过彩票店时拿出所有的财产去买注彩票，这种事情很好理解。万一中了 500 万元大奖，那可是一下子飞黄腾达，从此吃香的喝辣的；但如果没中奖，也只不过是少吃两个包子而已，跟以前其实也没多大区别。可李月震才 30 出头就有了车有了房，手上还有价值三四百万元可以用来销售的存货，经营的几个店面也还都在赚钱，这种赌身家的做法，搞不好就会让他之前的奋斗付诸东流！

也许这是他的无奈之举，因为国家政策已经发生了变化，如果依然按照以前那种旧思维去经营，坚守着几个店面，恐怕迟早要被市场所淘汰，他不得不赌上一把。但李月震当时也完全可以趁着“3C 认证”正式实施前再好好赚上一笔，然后见好就收，拿着这笔足以让家人过上好日子的钱去好好地享受以后的生活。

30 岁出头即可衣锦还乡，吃穿不愁，与老婆孩子共享天伦之乐，这对大多数人来说都是一种难以抵挡的诱惑。但李月震绝不会甘于这种生活，也许这就是人们常说的性格决定命运。很多人常这样假设，如果重来一次会如何如何，但更大的可能是，重来一次，“性格”仍然会让人做出和以前一模一样的选择。李月震选择了赌一把，是因为长久以来做强做大的梦想。李月震之所以能成为李月震，就是因为他不会因为诱惑而放弃了自己所追逐的梦想！

但如果我们就此认为李月震是个彻头彻尾的赌徒，那也真的是有失偏颇了。赌徒不可能有真正的成功，古龙笔下那些著名的赌鬼，哪怕连赌几根稻草都能赌得津津有味，赌徒沉迷的是赌博过程中的快感，若是赌瘾犯起来什么都能赌，赌钱、赌命，甚至赌江山，完全不顾后果。真正的赌博要的是那种心跳加速的过程，是没有目的的。

李月震并不是那样的赌徒，他有着明确的目标，他只为自己的梦想下注。也许，在李月震身上，“赌”只是一个形容词，形容的是面对机会时的果敢。也许，所有的成功都需要一些“赌性”，能在机会出现时果断出手，只有这样才不至于流于平庸。

“会赌”与“滥赌”还有一个显著的区别，那就是有没有给自己留下后路。兵法有云：“未料胜，先料败。”留了后路就有东山再起的机会，如果完全不留后路，孤注一掷，说明欠缺考虑，那做成事的可能也就微乎其微。

李月震是留了些后路的，并非为了自己，而是因为老婆孩子。他始终无法忘记自己当初的那句承诺：“不能让媳妇跟着我吃窝头咸菜，要让她过上好日子。”他给老婆孩子买了保险，这样一来，不论成败，家人的生活费、孩子的学费都能有个着落，自己也才能没有后顾之忧地放手一搏。厂房建在自家的地界上，这也有了另一重保障，万一生产出来的货卖不出去，这钢筋水泥的厂房可搬不走，好歹都是固定资产。大不了改造一下，改成养鸡场或是医院重新创业，最不济就是把厂房租出去，也还能收回点租金，不至于生活没了保障。

在下注之前，李月震其实已经做了最坏的打算，但他也并不会因为这些不好的可能性而退缩。李月震有颗平常心，天下哪里有包赚不赔的买卖？做生意有赚有赔，风险与回报都是成正比的。李月震从来没有想过不劳而获，他相信天道酬勤，也是因为这颗平常心，他才能一直坚持到现在，而看淡一时的输赢。

如果一个人有了这样的韧劲，离成功也许就不会太远了。就算李月震这次建厂真的失败了，恐怕这也只会像以前一样，成为他经商生涯中一个小小的波折。相信他同样也会像以前那样跌倒了再爬起来，把厂房改建成养鸡场，改建成医院，继续为自己的目标和理想坚持不懈地奋斗。

所谓成功的基因，大概不是别的，正是这种失败后继续坚持的勇气。

当然，这些都只是假设，我们都知道李月震这次赌赢了，但这其中也经历了不少波折。

第二节　柳暗花明又一村

没钱了！

厂房还没建好，李月震的钱袋子就空了！

预算出了问题，原以为七八十万元钱就能把厂房建起来，可按李月震这种盖厂房的办法，又是修路又是种树，哪够啊！

因为没钱，工地停工了。那段日子，李月震在济南和李丙东村两头跑，一边要照看工程进度，一边还要兼顾济南门店的销售。停工后，李月震回了家，一头闷在家里，三天三夜都没出门一步。

李月震有什么事都喜欢自己扛着，不想让别人为难，更不愿意让家人担心，就算遇到了这样的难题也是一声不吭，埋头自己想办法。妻子李秀芹看着心疼，眼见李月震就连吃饭也只是随意凑合一口，人明显消瘦了些许。虽然李秀芹不怎么过问李月震事业上的事，但听着工地没了动静，也大致猜到了是怎么回事。

第二天，李秀芹一大早就出了门，回来时背了个挎包。她走到李月震面前，开始从包里往外拿钞票，一叠、两叠……整整三十叠！望着李月震惊讶的表情，李秀芹淡淡地说："如果需要钱，就先拿去用吧，这些是我这些年慢慢积攒下来的。"如果一个男人拥有这样一位全心全意支持自己事业的妻子，那他又有什么理由不去为了这个家而拼命奋斗呢？

有了妻子的支持，死气沉沉的工地又恢复了生机。2002 年年底，厂房终于宣告完工，白墙蓝顶，窗明几净，大门口一左一右立着两棵柳树，四周也都栽满了小树苗。这是绿灯行的第一间厂房，如今是企业的低压车间，当年种下的那些树都有了十余年的树龄，特别是那两棵柳树，婀娜多姿，在门前静立迎客。

即便是在当年，这新建的厂房也隐隐有了一丝大厂的风范，在偏僻的李丙东村，突然出现这么一座整洁有序的厂房，那可是开天辟地头一遭。跟附近那些院墙高垒、大门紧锁的工厂一比，顿时高下立判。

李月震数着步子，从大门口走到了厂房的正中央，奠基石就在脚下，如今已被水泥覆盖了上去，现在设备还没进来，厂房显得特别宽阔。李月震很满意，他亲手规划的厂房，现在已经真真切切地出现在了自己面前。

李月震算得上是有远见的，早在建厂之前，他就想到将来一定会有客户到厂里参观，所以一定要把环境弄好，这样才能给人家留下一个好印象，客户也才会相信自己的产品质量，才好打开销路。

他站在奠基石的位置上，想象着几年后厂区的模样。小树会长成老树，厂区也会扩建，将来他要在这周围建更多的厂房，种更多的树，还要建办公楼、招待所，再挖两个池塘让大家闲暇时可以来钓鱼……

如今，这些愿望都已经实现了，可当年站在奠基石上遐想的李月震却没料到，这一切会是多么的不容易。

还是钱的问题。因为厂房建设大大超过了预算，李月震在济南的盈利并不能支持厂区开工，不过这次他倒没有太过发愁。也不知是谁“走漏”了消息，亲戚、朋友和村里的乡亲都知道二小需要钱来建厂。现在大家看到了新建的厂房，相信这一定能改变李丙东村的命运。那一次，一共只有不到 300 口人的李丙东村，竟然为李月震筹出了 100 多万元的现金！

这是全村的人把各自的前程都压在这厂子上了！阳谷力缆厂与李丙

东村更是血脉相连，密不可分了！李月震非常感动，也感到了肩上重担的分量。

厂房刚建好，李月震就开始四处考察，着手引进设备。每次看到那些好的设备，李月震的心里就开始痒痒，但一算兜里的钱，虽然眼红也只能作罢，最后很无奈地引进了一套在当时算得是中上等水平的设备。

就在李月震外出跑设备的同期，他还派出了两批人马，一批前往济南学习销售知识，一批到河北去学习生产方法。李月震本以为自己这样的安排已经算是妥当了，就等着设备就位大干一场，可谁能料到，还是出了问题！

李月震本以为生产电缆只不过是拔丝、绞丝，再包上一层塑料的事，没什么技术含量在里面，应该不太难。派出去的技术员也在外面看了十多天，回来也都说看明白了，可真操作起来，还是差了十万八千里，生产出来的东西根本就不能用！大家这才知道生产电缆这件事知易行难，看着简单，但里面还是有不少门道的。就说这温度吧，线缆生产过程中温度很高，需要降温，可到底这温度调到多少合适呢？技术员虽然看了十多天，把整个流程看明白了，但这里面的一些窍门人家可不会告诉你，不知道这些窍门，再好的设备也跟废铁没啥两样。

2003年的冬天，雪下个不停，大雾时常笼罩着大地。此时李月震的心里也下了雪，冷得很，他哆嗦地站在车间里，眉头似乎也起了雾。家里人喊他回去吃饭，他摇摇头，让人把饭送过来，草草吃完又跟大家接着调试设备。

机器一旦开起来就不能停，参数没调好，生产出来的就是整条整条的废料。一次次的失败让李月震心急如焚，眼见着废料渐渐堆得跟小山一般高了，却也只能带头咬牙坚持，为了多试几次，每天都在生产线旁战斗到凌晨时分才肯回家睡觉，第二天又早早来到车间。

李月震从不抱怨，只是埋头一次又一次地尝试，同时还不忘给大家打气，说无论如何一定都能试出来！100 次不行就 1000 次，生产出合格的电缆那是迟早的事！李月震知道这时候自己绝对不能打退堂鼓，大家都看着他呢，要是自己先泄气那就更难了。这时候需要的就是一股气，一股不达目的誓不罢休的勇气！

好在这样的勇气对于李月震来说从来不缺！功夫不负苦心人，也不知过了多久，一条合格的电缆终于从生产线上生产出来了！大家兴奋得紧紧拥抱在一起，却没剩下多少力气庆祝，而是觉得心中的一块大石头终于卸下了。

“烟呢？”刚走出厂房，李月震就问。

大家有些惊讶地看着他，会意地递上了一根将军香烟。李月震平日里是从不抽烟的，这些天怕是真的累坏了。

此后的十余年里，阳谷力缆厂增添了一条又一条的生产线，产品种类也越来越丰富。每上一条新的生产线，都要付出大量的心力进行调试，不过再也没有哪一次能像 2003 年冬天那样，在李月震的记忆中印下深深的烙印，又能带来那样大的喜悦。

那天晚上，李月震做了一个梦，他梦见一条条电缆从生产线上生产出来，在李丙东村装车，运送到济南，摆上货架，又从济南发往全国各地

睁开眼睛，李月震把这些激动的画面赶出脑海，起床穿衣，迎着风雪出了门。还有很多事情等着他去做，还有很多困难等着他去解决。

他不能沉浸在想象中，他要把这些画面变成现实。从建厂开始到引进设备，一共竟然已经花费了三四百万元，他又要四处奔波，接着筹钱去了。

回忆起那段日子，李月震至今都有些凝重：“生产不了，那时候真

生产不了，没钱了。”

那段日子过得很艰难，没钱，产品没有知名度，生产规模小，货也卖不出去，一停就是大半年，原先招的45名员工，走得只剩下不到20个。

马海长是第一批进厂工作的员工，他回忆起当时的往事时说道："2003年我进入拔丝车间时，只有3台用旧设备改造的拔丝机，总共8个拔丝工人，设备生产量比较低。我们要将拔出的生丝放在大罐内，几个人搬到高温炉进行退火处理，干活很慢。当时订单也少，一开始每个月干十几天活，工资三四百元。”马海长的工资在当时算是高的了，由于工厂一直处于半停工状态，有的员工一个月只能拿到几十元钱，而管理人员基本上只能算是义务劳动了。

李月震自己也清楚这现实的困难，招来的工人都是周边村里的乡邻，大家总得吃上饭，而自己现在却……因此他也没有挽留那些想走的人，只是在心里暗暗发誓，一定要让这些留下与他共患难的乡亲们过上好日子！

能借的钱都借了，欠缺的资金实在是凑不出来了，况且这次需要的可不是几万块的小钱，而是几百万元的大数目，这次真的只能指望银行了。李月震原以为自己有了厂房，有了设备，有这种抵押的话，贷款不会太困难，可没料到真办起贷款来，关系还是不到位的。

要是把厂房建在莘县就好办了，李月震是在莘县上的学，朋友比较多，无论如何也总能托上点儿关系。要是在济南也好，毕竟自己在济南经营多年，多少也会有些门路。可惜厂址在阳谷，李月震跟阳谷的银行不熟。

李月震跑遍了阳谷的各个银行，只希望他们能到厂里来看一看，不过大多数时候，他都吃了闭门羹。李月震没有放弃，人家说没空他可以等，等一天不行就等两天，渐渐地，李月震的诚意打动了一些银行的领导。转机出现在2004年春节前夕，李月震争取到了阳谷县农村信用社的领导到厂里考察的机会。

当领导进了厂区，顿时大吃一惊，员工们穿着迷彩服，整齐划一地站在道路两旁，个个都行着标准的军礼！路旁的树上挂着横幅——“欢迎领导莅临参观指导”、“向发展时期支持我们的领导和好朋友致敬”！信用社领导在厂里待了40分钟，那整整40分钟时间里，阳谷力缆厂的第一批员工一动不动，始终保持着严整的军姿。

这是李月震一手安排的。

那些员工在家习惯了懒散，他担心员工会把平日的习惯带到厂里来，搞不好还会打架斗殴，所以必须要有纪律约束。李月震从小就是个军事迷，对军营颇为向往，建厂前就跟领导班子商量，是不是可以采用军事化管理。从红军到八路军再到解放军，他们都是农民子弟，为什么他们在那么短的时间里就能上阵打仗，而且打胜仗，进而取得一个又一个的胜利呢？这个想法立即得到了大家积极的响应，当过兵的大舅说，服从命令是军人的天职，这是极好的经验模式，如果能把这样的精神风貌移植到企业管理中来，定能为我所用。最后大家一致同意，从建厂开始就采用半军事化的管理方式。于是阳谷力缆厂从建厂开始就优先招收退伍军人，同时在生产间隙进行一些简单的军事操练。

工资挣得不多要求还高，李月震的这套做法如果换到了其他地方肯定行不通。好在留到现在的员工都是跟李月震一条心的，哪怕工资不够多，还要进行军训，却也没有怨言。再加上退伍军人的示范作用，大家都相信，李月震的路子没错，半军事化管理一定能把阳谷力缆厂塑造成一个成功的企业！现在吃点儿苦，都是为了以后打基础，事实也证明，这种半军事化的管理传统，成为了李月震的企业之魂。

当年就是这严整的“军容”感动了信用社领导，从来没见过哪家工厂能有如此高素质的员工！中午吃饭的时候，信用社领导对李月震说：“哎呀，真是不好意思，耽误企业发展了。”

李月震听完此言，心里默念道，看来这救命钱有戏了。

果然，春节过后，农村信用社的300万元贷款就打到了李月震的账户上。

“二月二，龙抬头”，大地解冻，春耕将始。那天李月震起了个大早，理了头发。这是中国北方的传统的习俗，意为剃“龙头”，希望能带来一年的好运。

李月震当然要讨这个彩头。因为在这一天，阳谷力缆厂正式开业了！当天高朋满座，当地的领导们也都来了，他们对阳谷力缆厂的发展寄予了厚望。李月震更是信心百倍，那么多困难都挺过来了，现在工厂终于能够正式开业了，大家的好日子就要来了！

金鳞岂是池中物，一遇风云便化龙。李月震好似那条金鳞，遇到了改革开放和中国入世的风云，又有了农村信用社300万元“雨露”的滋润，乘风而上，直冲云霄！

如今李月震也实现了当初的誓言，知恩图报，始终不忘那些与他同甘共苦一起创业的弟兄，对最初留下的20多人更是以功臣相待。

还是来听听从一开始就跟随着李月震的老员工马海长是怎么说的吧：“2004年，我们有了大发展，拔丝机增加到6台。到了2007年的时候，以前老的拔丝机都被淘汰掉了，换上了新设备。订单量开始猛增，我们的产量也大大提高。现在我全家人都在厂里工作，工资也翻了几倍，基本上每个月都能拿到四五千元。希望明年产量再翻一番，那样工资就又要涨了，厂里的效益好，我们的生活就会更好！”

这帮跟着他“打天下”的老员工就好比是一支部队的火种，是李月震最珍视的财富。此后，随着企业的现代化建设与管理，公司有了越来越多的新鲜血液，但对这些与他共患难的老员工，李月震始终爱护有加，并屡次在年会上表示：“他们在企业最困难的时候能给予我信任和支持。他们是绿灯行的功臣，将会永远记入绿灯行的发展史册。”因此，李月震甚至不惜冒着一些管理上风险对这些老员工加以特别对待——与他共同创业，共同渡过困难时期的老员工，任何人不得随意开除。

好在这帮老员工很争气，这些年下来，素质不断提高，不管是质量管理还是文明生产，受到处罚的名单上很少见到他们的名字。他们以实际行动示范传承着建厂以来细心、负责、严谨的作风——正是这种作风，让阳谷力缆厂在未来的激烈竞争中屹立不倒。

李月震在李丙东村播下的“阳谷力缆厂”这颗种子，终于在他的精心耕耘下长成了参天大树，福荫乡里。

第三节 八不准

此后的李月震基本上没再为钱的事发过愁。甚至有一次，阳谷农联社和定水镇信用社的领导还主动找上了门来。

2010年3月5日，乍暖还寒，柳树刚刚抽出嫩芽。信用社这时候找上门来，可把财务科的负责人吓了一跳，这还没到还款授信的时间啊，难道……没料到信用社的王主任进了门就开口说："我们信用社今年刚下来一批贷款，这次的额度是500万元，你们用得着吗？"

"用得着，用得着。求之不得，太感谢了！"原来这是"送贷上门"来了，真是个大惊喜！

"你们厂如果用这笔款，我就不考虑别的企业了。"王主任见财务科负责人还想致谢，连忙摆了摆手，"再说，这都是咱们这几年合作的结果，你们这也是靠自身的诚信赢来的，我们把款项放在这里觉得放心，心里踏实。"

信用确实是赢来的。当年就是信用社给了李月震300万元的救命钱，贷款批出去以后，信用社还真有些放心不下，毕竟是刚开业的新厂，贷款能不能收回来也没个谱，于是就经常关心厂里的动向。李月震很珍惜这笔雪中送炭的贷款，精打细算不浪费，又做出了质量承诺，终于把企业发展起来了。到了还款的时候，虽然账期有点儿困难，手上压了不少货，但李月震却说："做人要讲诚信，先做人再做事，再困难也要把款还上，当时是因为信用社对我们的信任才给了我们帮助，咱不能失信于人。"他想方设法终于还是把这笔钱按时还上了。

由于按时还款，信用社觉得李月震为人诚信，企业发展得又很好，于是主动增加了信贷额度。长期的合作带来稳固的信任，这才有了主动找上门来的那一幕场景。

而且不光是信用社，其他的银行也都愿意贷款给他。

当然，这与他所从事的行业也有一定的关系。电缆行业的原料主要是铜，在古时候可是能够用来铸钱的金属，放一百年都不会腐烂，其本身就具有价值，哪怕一时卖不出去，价值也并不会受损，最多就是赔个人工成本。不少企业去找银行贷款，最头疼的就是抵押物，没有抵押物，银行就不太愿意放贷。就算贷到款，一有风吹草动，银行便怕企业还不上，就要催贷，麻烦跟着也就来了。恰好李月震最不愁的就是抵押物，他做的是实业，厂房值钱，原料值钱，跟银行谈判起来也就有了底气。而且李月震的生产与销售都在良性运转，就算真的一时周转不及，也有足够的信用让人相信他有能力度过危机。

所以即便是在2008年以后，大多数中小企业在金融危机的冲击下普遍遇到资金链问题时，李月震都能睡得安稳。

虽然自己不缺资金，但李月震也知道大部分中小企业其实最缺的还是资金。他是聊城市第十五届人大代表，他曾说："当人大代表不仅仅是个荣誉，更多的是一份沉甸甸的责任。"他常读诗书，记得"穷则独善其身，达则兼济天下"的古训，除了要耕耘自己的一亩三分地，还希望整个聊城的"土壤"都能变得肥沃起来。于是他利用人代会这个机会，提交了《关于加强民营经济的发展中银企沟通的提案》，希望能帮助更多的企业解决融资难题。

钱，很多时候能决定一家企业的命运。纵观当今众多中小企业所遇到的问题，多半就是出在钱上。

最令人头疼的就是货款账期，一旦应收款收不回来，资金周转不灵，就必然要出事。倒闭的企业中，大部分都是被资金拖欠困死的，货卖出去了却要不回钱，账期一到资金链马上就会出问题。没钱就无法维持生产经营，同时还要支付银行利息，还要支付工资，资金链一旦断裂，企业也就处于危险的边缘了。另一个问题恐怕就是贪婪了，有的企业盲目扩张进入自己不熟悉的行业，到最后甚至都不知道是怎么死掉的。而近些年，互保这一导致中小企业倒闭原因也引起了许多媒体的关注，一旦担保出现问题，加上银行抽贷，企业几乎是必死无疑。特别是在2012年，发生在浙江民营企业间的互保、联保危机，让大家真正见识了这颗“炸弹”的威力。

这些都是钱的问题。管好钱袋子，就等于守住了企业的生命线。

虽然当时李月震并未遇上这些问题，但他看着周围的企业落入这些陷阱，也生怕自己的企业有一天也会遭此厄运。如果说李月震建厂的时候选择了赌一把，可他毕竟并非赌徒，工厂建成以后则是精心运营，慎之又慎，生怕哪里出点儿问题而让先前的努力付诸东流。都说打江山易，守江山难，自幼熟读历史小说的李月震当然明白这个道理，因此一早就为可能出现的资金风险问题做好了预防工作，建厂不久就定下了《规避风险八不准》：

（1）不准向未给本企业担保过的单位或个人提供任何形式的借款担保。

（2）不准外借企业资金或提供财产抵押。

（3）五年之内不准涉足其他行业，包括风险投资。

（4）不准签订赊欠合同或设备安装完毕运行调试正常后付款的合同。

（5）不准干涉打假人员工作，不准给造假销售点提供任何方便条件。

（6）总体应收超出500万元时，不准向任何超过欠款十万元的代理商发货，倾全厂之力清欠。

（7）不准给不符合发货条件的代理商发货。

（8）没有长期订单，不准购买期货。

这八条规定基本涵盖了企业可能会遇到的资金风险的全部问题。首先是企业资金财产的安全，不能随便抵押；其次是不要贪心，风投、期货这些东西很有诱惑力，可一旦栽进去了就出不来，宁愿少赚一点钱，也要稳妥一点；其三是账期，虽然李月震建厂的时候是找厂商赊账的，但他也知道并非是人人都像他一样讲诚信，如果开了这个先例以后恐怕不好控制，所以宁愿多给经销商一些返点也不赊欠账款。

其实如果不是制定了这些严格的限制，也许李月震的企业还能得到更快的发展，但他宁愿舍弃近利，也要图个长久的安定。因为他知道，其他的事情即使错了也还有挽回的余地，可资金的事情赌不起，一旦赌输了就可能再也没有翻身之日了。

在钱的问题上，李月震表现出了完全不同的另一面。没了敢作敢为的魄力，反倒有着谨小慎微、步步为营的稳健。魄力是拿来打江山的，要是用打江山的魄力来守江山，恐怕只会守得支离破碎。守江山更多要的是稳健经营，所以才有了这近乎严苛的“八不准”。

然而天有不测风云，哪怕李月震已经如此小心，如此严防死守，却仍然没能完全避开新一轮金融风暴的袭击，还是在2013年遇到了状况。

那天，李月震接到一个电话，电话那头的公司财务人员心急火燎：“李总，出事了！我们担保的一个企业出了问题，现在银行要我们还贷！”

李月震心里一惊，这种事终究还是发生了。他并非不知道互保的危害，只是这几年经济环境恶化，银行为了规避风险，会要求企业互相做保，只要一家企业出了事，其他企业就要跟着承担，所以经常是一家企业出了问题，就会连带一批企业一起倒霉，哪怕这些企业运转良好，也会因流动资金不足而被拖死。

虽然有些吃惊，但李月震并不慌乱，事情既然已经发生了，慌也没用，于是他静下心来，问明了前因后果，只是问到具体的数字时，还是不免有些心痛。

“要还多少？”

“3000万元。”

3000万！这几乎是李月震当时所有的流动资金！况且当时他正在开拓新的市场，正是用钱之时，少了这3000万，无疑会影响企业渠道扩张的步伐。然而这3000万又不得不还，一是为了企业信誉，既然做了担保，那就必须言而有信；二是为了朋友，那家出事企业的老板是多年至交，朋友有难，岂能不出手相助？

李月震并未犹豫，当即打电话安排调度资金，吩咐财务务必及时把钱还上。

李月震本以为还了这3000万这事情也就过去了，可没想到过了几天，另一个电话差点把他逼上了火山口。

“李总，银行不肯给咱们放款了！”

“为什么？钱不是还了吗？咱们又没欠钱，为什么不放款了？”

“不知道，反正就是不肯给了。”

这下李月震真急了，他本以为以企业目前良好的运营状况，还有先前良好的征信记录，银行没有道理不放款，可谁能想到有这样的意外发生。他当即动身从北京赶回济南，出了车站来不及回家就直奔阳谷县城，找到县领导说明了事情的情况。

县领导听完也有些惊讶，这么好的企业，可不能因为这些事就挺不下去了，附近几个村子的乡亲可都在那儿上班，万一真出了点儿差错，害得工人失业，这社会影响可不能不考虑啊。还有一个热心的老领导主动帮忙，组织了个通气会，这才说动银行继续放款，李月震也才算是把这一关扛了过去。

这是李月震回乡建厂以来遭遇到的第二个重大难关。第一次是建厂的时候缺资金，最终在朋友乡邻的帮助下渡过了难关；第二次就是这回银行不肯放贷，在县领导的帮衬下也总算是有惊无险。这两次困难来临之际，都是社会的力量帮助李月震转危为安，所以他常说：“企业做大了，就不是自己的了，而是社会的，所以我更要想着怎么回报社会。”

这次事件让李月震吸取了教训，同时却也觉得有些庆幸。幸好这事发生得晚，要是早一些，企业规模还没有这么大，兴许就要就此倒下了。但又幸好也发生得早，如果晚一些，也许就不是3000万，而是3个亿了！因为此事，李月震认真地反省了一番，也逐步调整了后面的经营策略——企业最近几年的发展实在是太快了，发展快是好事，但根基还不够扎实，应当是稳一些为好，可不能让这发展变成了脱缰之马，一旦失去控制，后续无力，那迟早是会遭到灭顶之灾的。

为了避免再度发生类似的事情，李月震重新制定了新的风险防范条例，尽量分散风险，把鸡蛋放到不同的篮子里，同时还与其他几家企业建立了联盟，约定在多少限额以下可以互相调剂，这就在很大程度上避免了资金链断裂的危险，也不必过于依赖银行。

亡羊补牢，尤未晚矣。这简单的道理恐怕大家都懂，可懂道理和真执行之间却存在着一道鸿沟。不少民营企业家总觉得企业是自己的，处理起一些问题，特别是在一些财务问题的处理上有些随意，这就非常容易让企业陷入万劫不复之地。虽然绿灯行同样也是李月震自己的企业，可他却不允许自己私自向外借钱，而必须要经过相应的程序，由企业的相关部门审核通过才行。

有了这样的决心，买来的教训才能变成今后的保险。善于未雨绸缪，懂得接受教训，只有这样，路才能走得长，走得远。

而李月震恰恰就是这样的人。

第五章 基 石

第一节　阿喀琉斯之踵

李月震在创业过程中尝试了很多行业，历经磨难最终才选定了电线电缆行业。

这也许并不是他刻意的选择，而是因为阳谷县本就是电缆之乡的缘故。当年开始卖电缆的时候，李月震可能也无法预见，我国电线电缆行业的产值规模能超过万亿，产品品种满足率和国内市场占有率均超过90%，成为国内仅次于汽车行业的第二大行业。哪怕站在全球市场的角度来看，目前中国电线电缆总产值也已超过美国，成为世界上第一大电线电缆生产国。

另一件李月震当年没有预料到的事情恐怕就是，促使他回乡办厂的“3C认证”并未能彻底规范市场，线缆市场仍然乱象丛生。当年仅阳谷一地就有大大小小数十家线缆厂家，但真正有实力的厂家却并不多。经过十余年的发展，这一现状并未得到改变。从全国来看，线缆行业有规模以上企业约5000多家，然而其中却有近97%是中小企业，大型企业很少，可谓是“大而不强”。

电线电缆行业过度粗放式的发展也让从业者吞下了苦果。近年来，随着国家经济和产业结构的调整，电线电缆企业普遍面临开工率不足的尴尬局面，有的企业甚至开工率不足30%，市场销售跌入“低谷”，严重的产能过剩使得大家只能想尽一切办法去争抢那少得可怜的市场需求，许多小型企业纷纷宣布倒闭。

2013年8月16日，中央电视台《经济半小时》栏目关注了电缆行业“李鬼”横行、以次充好、以假乱真的现状。

河北省河间市沙河桥镇一家大型电缆企业，国家定点企业的牌子，但眼下整个厂区里的生产已经全面停止了，办公区空无一人，车间大门也是紧锁的，窗户更是已经破碎了多日无人修理。这间曾经诞生了无数财富的电缆生产车间，现在门可罗雀。按照企业的规划，这家工厂的年产值本可以达到 5 个亿，但从去年开始，企业接到的订单基本为零。没有了订单，企业只好停产，工人也全部被放假回家。现在沙河桥镇里能够真正开工的电缆企业已经很少了。

在与河间相隔不远的被誉为“中国电线电缆第一庄”的宁晋县小河庄村，这里的电缆生产企业最多的时候有 200 家。离村子不到三公里的大道上，竖着大大小小的电缆企业广告牌。表面的景象似乎很红火，但走进一家规模较大的企业时，却看不到几个工人，工厂几个月前就已经宣布停产了，现在除了门卫，工厂里再没有其他人。

整整三公里长的产业聚集区里，许多电缆企业都是大门紧闭，没有生产迹象，甚至还有很多企业的大门外都没有挂企业的牌匾，一些先前有牌匾的也被人给摘掉了，似乎很不情愿让人知道这里曾经生产过电缆。

国内四大电缆产业基地之一的安徽省无为县情况也是如此，大街上许多电缆企业招牌、广告挂得很红火。但在这些张扬的宣传牌后面，静静矗立的，依旧是一个个停产的企业。

立塔式超高压电缆生产线是中国电线电缆的一种生产线，投资巨大，建设立塔代表着产能的扩张。在 2010 年的时候，全国有 52 座立塔，2013 年增加到 78 个。这 78 个立塔中，有的立塔里面有两条生产线，这样的话，总共就有大约 100 条生产线，这 100 条生产线年产量在 3 万公里左右，这是世界用量的 1.5 倍，也是中国高压电缆用量的 3 倍。据了解，光是每个立塔的投入就需要两三个亿，而这 78 个立塔的总投入却闲置着的差不多150亿资金左右。以这些立塔为代表，就能够充分说明现在电缆产业严重的产能过剩。

河北宁晋竖立着一块已经倒闭的沈阳某某电缆厂的广告牌，有一家企业号称是该厂在河北设立的分厂。原来，虽然这家企业倒闭了，但沈阳某某电缆厂在业界的品牌知名度还是不错的，所以为了能够让小企业生产的电缆卖上个好价格，他们就冒用着沈阳某某电缆厂的名义进行生产销售，这样做一来倒闭的沈阳某某电缆厂不会来追究企业，再者，沈阳某某电缆厂倒闭的消息仅仅只是业内人士知晓，消费者对此却并不了解，所以能够顺利地蒙混过关。

这个工厂并不小，标有沈阳某某电缆厂标识的电缆随处可见，车间内，工人不像一些正规企业那样穿着统一的工作服，有的干脆赤膊上阵，根本就没有一个正规企业基本的规范和操作流程。然而企业负责人却说，这些都不重要，他们还能出具所谓的产品合格证，只要企业能生产、能挣钱就行。

这种在河北宁晋生产，实为冒用已经关闭的沈阳某某电缆厂名义的电缆，就在眼下的市场上公然销售，并且畅通无阻。

无独有偶，安徽也有同样的现象。安徽无为县的一家企业里，正在生产的产品并没有打上自己的名称，其产品使用的是无锡某某电缆的名称。在产品合格证上面，无论是地址还是电话，也显示的是江苏无锡。而就是这样的假冒产品，也正准备发往其他的地市。他们不但冒用了国内其他企业的品牌，更有甚者，在这家作坊式的小企业里，甚至还有某国际知名品牌的标识。

节目的最后，央视记者随机购买了5根电缆，经过国家电线电缆质量监督中心的检测，竟然有4根都是不合格产品！

乱象的根源浮出水面，线缆行业的真正问题是质量问题！据业内人士透露，目前市场上所销售的电缆大概有 2/3 是质量不合格的产品！

“劣币逐良币”的市场规则带来了一些让人啼笑皆非的现象。有些企业迫于大量不合格产品所带来的市场压力，不得不选择以最低价进行竞标。

比如在某电厂工程的一次中标结果中，有两家预中标企业的投标价分别为 1500.12 万元和 1597.04 万元，而第三方机构核定的材料定额总价为 1873.48 万元。这两家公司的投标价竟低于材料总价的 20% 和 15%。在另一项目的中标结果中，预中标的两家企业投标价分别为 322.06 万元和 324.58 万元，分别低于核算的材料定额总价 408.10 万元的 21% 和 20%。在同一项目另一标段的中标结果中，预中标的两家企业投标报价分别为 97.72 万元和 147.37 万元，分别低于核定的材料定额总价 154.74 万元的 37% 和 5%。

这是在赔本赚吆喝吗？如果是真的赔本赚吆喝，那么只有一个可能，就是为了做宣传，但企业逐利的本性也决定了必须通过其他的渠道将这宣传费用赚回去，要不然企业也就无法生存与发展。放在其他行业，这“其他渠道”也许是销量，也许是产品策略，可放在线缆行业却几乎只有唯一的一种可能——那就是质量！

低价总要有一定限度的，当这些企业以低于成本的价格报价，甚至普遍低于成本 20% 以上的时候，就不能不让人疑心，厂家以这种价格提供的，到底会是什么样的产品？

也许这些企业并不想这么做，可是为了拿下订单，又有何种应对之策呢？市场竞争一旦到了这样的程度，要想盈利，似乎也只有偷工减料、以次充好、以假充真这条路了。

这样做的后果是非常可怕的！就是这些假冒伪劣产品，导致近年来由于电线电缆质量问题而出现的影响巨大的安全事故频繁发生。

在过去的10年里，电力系统因电线电缆质量问题而引发的起火蔓延成灾的重大事故超过百起，涉及规模以上企业数十家累计烧毁电线电缆长度达32万米，供电量的损失高达100多亿元人民币。

据不完全统计，在我国每年发生的大型火灾案例中，电气火灾占比高达80%，其中与电线电缆质量问题有关的火灾占50%以上。

这些血淋淋的数字令人不忍直视，电线电缆的质量关系着人民群众的生命安全，这种代价是无法承受的！

如今，质量问题已成为中国电线电缆行业的阿喀琉斯之踵！

第二节　宁肯不卖，绝不欺诈

冰冻三尺，非一日之寒。

中国电线电缆行业的质量问题早在李月震建厂之时便露出了端倪，其实这也是李月震直到“3C 认证”出台时才下决心建厂的原因之一，他并不愿意参与这样的竞争。而他能在这十余年间带领企业逆市而上，最重要的原因是他预见到线缆行业并非产能过剩，而是不合格产品的产能过剩，优质产品实际上供不应求。

市场终归会回归理性，优质产品无论放在何时何地都会有足够的竞争力。所以在 2004 年投产的时候，李月震就下定决心，坚决不参与这种低质竞争，而是要树立高标准，以质取胜！

建厂伊始，李月震就定下了“宁肯不卖，绝不欺诈”的理念。他在厂区门外的柏油马路上立了一块牌匾，右边写着“宁可不卖，绝不欺诈”，左边写着“如不合格双倍赔偿”。这块牌匾提醒着每天前来厂里上班的员工要在工作中认真负责，生产出优质的电缆，要对人民群众的生命财产安全负责。

如今，“依靠质量求生存，依靠质量促发展，依靠质量创辉煌，依靠质量行天下”这样的企业发展方针已经成为企业上下的共识，成为企业立足市场的基石。

说起来容易，其实这个决心并不好下。当年李月震对朋友说自己要做好线、做国标线的时候，遭到的却是不解与反对。

“你疯了吗！人家都只做七八十米的线，最长也就做到九十米，你要做一百米？卖一个价吗？还怎么赚钱啊？”

这就是当时的市场状况，标称 100 米的线，大多只有 80 多米，更差一点的甚至只有 70 多米，90 米的线就算是万幸了。李月震新建厂就想做 100 米的国标线来跟那些不达标产品竞争，在外人看来，这似乎是有些异想天开了。

“达标的线当然要比不达标的线贵，我想大家并不是都不愿意买好线，而是根本买不到。”李月震辩解道。

“关键是你卖不卖得出去！有几个人会认你的质量？大家都只认价格！只要你卖贵了，人家看都不看，谁还管你质量好不好呢！”

这同样也是无情的市场定律，劣币逐良币。

“如果不做好线，我又何必辛辛苦苦地建厂呢？以后又怎么发展壮大？我要赚的是长远的钱。这么多困难都挺过来了，不做好线对不起良心，也对不起大家！”

“可你要是连眼前的钱都赚不到，哪儿来的长远？”

朋友的反对让李月震有些懊恼，但仔细想想还真有些让人无从反驳，毕竟明明白白的利益摆在那，如果自己坚持做好线却卖不出去，那又该如何是好？他心想父亲一直是自己坚定的支持者，于是到李文亮那边寻求支持，可没想到，李文亮也持保留意见。

“你做好线，价格就贵，便宜卖了就得赔本。要是卖不出去，货都压着，质量再好都没用，工厂能不能正常开工都成问题。你再想做好线，那也得慢慢来，先赚了钱才有能力做好线。现在我们只要对得起自己的良心就好，客户要多长的线我们就做多长的线，绝不偷工减料，也绝不让别人买了我们的线，用着出了问题。我们也不可能一步登天，先做市场上最好的线，慢慢地再做国标线吧。”

李文亮卖了几十年的电缆，深知市场规律，他的顾虑是有道理的，也算是比较实事求是，不能生存，何来发展？也许也只有李文亮能劝得动李月震，他暂时收起了做国标线的念头，决定以市场上的最高标准来要求自己的产品。

然而即便如此，成本也仍然颇为高昂，好线不可能跟不好的线卖同样价钱。怎么让客户相信自己的产品值这个钱呢？李月震想起了自己当年还是经销商的时候去找那些厂商出具资质证明的往事。如果有权威的第三方机构给我的好线出具资质证明，那不是要比自己“王婆卖瓜”好上许多了吗？

于是李月震来到济南市质检所，表示愿意一年花三万块钱，请质检所检验他的电缆。李月震刚说完自己的请求，质检所的工作人员就笑了：“你这人还真是实诚，我们平常也会抽查，很多人躲都来不及呢，你倒自己送上门来了。”

而且这时候李月震刚开始办厂，没有经验，质量检查就是个正常的流程，其实根本不用那么贵的。

通过了质检所的质量检验，李月震把合格证设计成彩色的标签，附在电缆上，他的产品和别人有些不一样了。这可是通过检验的电线电缆了，如果客户不信可以送检，李月震不怕！

很快，李月震的电缆凭着质量打开了销路，一下子济南有十几家店都开始卖他的产品了。其他厂商见状，只能跟着李月震往前推进质量，开始推出不那么偷工减料的产品。无形中，李月震为规范市场做出了重大贡献，他几乎是凭借一己之力，让那种七八十米的偷工减料的线从市场上消失了。

李月震见自己的质量理念得到了市场的认同，立刻进一步提高了产品标准，很快便推出了真正的国标线！他兴冲冲地带着线到质检所去检测，一进门就嚷开了：“你们测测，这可是真正的国标线！”

“噢？”质检所的工作人员听李月震这么说，脸上露出了调侃的神色，“你可别吹牛啊，还真有足 100 米的国标线？能到 95 米怕是都要烧高香了，算是很厚道了，你这要真是国标线，那不是得赔死？”

质检所对当前的市场状况再清楚不过了，他们也不相信李月震真的要跟市场对着干！然而检测结果却让质检所的所有人都大跌眼镜！ 100 米，分毫不差！李月震硬是让质检所都觉得不可能的事情变成了可能。

大概只有李月震自己才知道这是多么的不容易，如果不是他始终坚持自己的理念，始终惦记着要做好线，做国标线，如果他在朋友的劝说下稍有退缩，向市场妥协，那又怎会有如今的这国标线呢？

真理未必掌握在大多数人手里，做大事的人就要有颗大心脏，认准的事情就一定要做到！市场秩序是由人打造的，有什么样的竞争就会产生什么样的市场秩序，李月震从来不愿意参与那些低质低价线缆的竞争，而是认定自己的加入会让市场产生鲶鱼效应。

很多人不这么做是因为惧怕竞争和未知的结果，他们没有实力就连尝试也不敢，宁愿只在浑水中摸鱼。李月震这么做了，一个新的市场也就为他敞开了大门。

不过真正有实力的厂商是不惧于这种竞争的，李月震能做国标线，他们同样也能做！要想与这些有实力的大厂一较短长，除了质量一定要过关，作为后来者的李月震还必须出奇制胜，他仍然选择了在质量上做文章，用实实在在的质量承诺获得大家的认可！

2004 年，绿灯行牌电线电缆通过大型户外牌匾广告、《齐鲁晚报》《大众日报》《人民政协报》以及省、市级电视台向社会各界公开承诺：“绿灯行牌电线电缆产品，经质检部门检测如不合格，向用户进行双倍赔偿，长度如与标识不符，差一米包赔一百米。”

这是全国第一家也是唯一一家通过省级媒体向社会如此公开承诺的

电线电缆品牌，李月震甚至敢把质量承诺写入采购合同！

但是要想真正说服客户，光打广告那是不够的，毕竟人家心里都有自己的小算盘，不会光凭广告就相信这一点，一开始可能也只是好奇，市场上难道真有卖国标线的？这牌子以前都没怎么听过，但口气可真不小，这才订购了一些试试。李月震当然不会错过这样的机会，他让销售人员送货时主动带上皮尺，一定要请客户亲自来量一量。

有一些客户显然也积累了不少与假冒伪劣产品斗智斗勇的经验，一车货，他们不挑摆在上面的量，也不挑放在边上的量，非要挑中间的量，看来以前是吃过这亏的。量过之后，果然一厘米都不少，客户脸上露出了惊讶的神色，但仍然没有作罢，继而又挑出了一卷货仔细地量了起来，还是一厘米都不少！客户这才露出了笑容，夸赞道："果真所言不虚！以后我就要你们的产品了！"

这样的口碑一传十，十传百，大家渐渐都知道真有这么一家电缆企业，产品质量就跟广告上说的一模一样，毫不掺假！销量渐渐起来了，皮尺也慢慢用不上了，甚至有的客户还会开玩笑说："量什么啊！我还希望你们弄错了，我还指望要赔偿呢。"

李月震用行动证明了质量承诺，这样的质量承诺，比任何荣誉证书都更有说服力！

我们不知道为什么是李月震而不是其他人率先做出了这样的承诺，这样的承诺不是简单的玩笑话，而是需要魄力的。如果自家的产品稍微出一点差错，李月震的承诺就是在自掘坟墓，就算真的按照广告上的宣传进行了赔偿，那同样也会被竞争对手抓住把柄进行攻击。

李月震的阳谷力缆厂只不过是一家刚刚成立的新厂，敢在媒体上如此大张旗鼓地进行质量承诺，还真有一些自断退路，背水一战的气概！靠着这种气概，李月震逆转了"劣币逐良币"的市场定律，打出了产品的知名度，用毫不缩水的质量保证赢得了客户的信赖，赢得了市场。

其后几年间，济南也渐渐出现了这么一批线缆广告，上面也都写着“真正国标”、“差一赔百”，李月震的招又让人给学去了。但李月震从来不担心，套用一句有些俗气的话说，那就是“一直被模仿，从未被超越”，跟在别人后面邯郸学步，就意味着永远落后人家一步。李月震不怕被模仿，他一直在寻求创新，一直要领先一步。

此后的经营中，因地制宜，与时俱进成了李月震最鲜明的企业经营特色，他从来不会囿于常规，也不会因为成功的经验画地为牢，他不断总结、不断变化，将这些经验都变成了最宝贵的财富。

质量是创新的基础——质量一定要过硬！而李月震关于产品的质量承诺，十余年来从未变过。

第三节　细节决定成败

东临黄河边，崛起在景阳冈，
绿灯行的名字多么响亮，
电缆一条条伸向远方，
我们把光明送到城市山乡。
绿灯行天下，天下绿灯行，
长久的发展，承诺去丈量，
绿灯行天下，天下绿灯行，
质量带给咱长久的希望。

企业是咱家，带咱奔小康，
鸟儿飞入林，船儿划出港，
多添一把柴，炉火烧得旺，
我们把光明送到城市山乡。
绿灯行天下，天下绿灯行，
长久的发展，承诺去丈量。
绿灯行天下，天下绿灯行，
质量带给咱长久的希望。

这是绿灯行企业之歌《长久的希望》的歌词，正如歌中所唱，只有质量才能带来长久的希望。但这个希望不是吹嘘出来的，而是靠一点一滴的细节做出来的。

让我们回到2003年的秋天，李月震通过艰辛的努力，终于让设备运转起来，第一批电缆从生产线上生产出来，显得格外漂亮。这好比“怀胎十月，一朝分娩”，总算看见孩子出生了，大家欢呼雀跃，满心期待这批产品能在市场上热卖。

李月震也很高兴，但心里总觉得还是有些不踏实。产品外观是挺好看的，但质量是不是合格呢？李月震想起了那堆得跟小山一样高的废料，于是多了份心思。因为当时厂里的质量检验设备还不完善，李月震拿了些样品到省里去检查。

检验结果给了李月震当头一棒——绝缘材料不合格！原来，由于采购人员经验不足，购买的这批聚乙烯绝缘材料本身就有质量问题。李月震的心情跌落到了谷底，高高兴兴地来，却要带着不合格的检验报告回去了。

卖，还是不卖？

李月震把检验结果摊在大家面前，想听听大家的意见。

“要不，还是卖吧？厂里状况也不好……”有人小声说着，没敢说完，但这意思大家也明白。

“是啊，这批货也未必见得比市场上现在卖的那些差多少。”有人附和道。

“月震，大家干了这么久，都等着出了货发钱呢。”这句话道出了大家的心声。

李月震默默地听大家说完，也知道说的都有道理，他又等了一会，看没人出声了，指着大门说道：“坚决不卖！我们绝不能让任何哪怕只有一点点瑕疵的产品走出这个大门去！”。

大家见李月震这么坚决，都明白了他的意思，先前那些说要卖的员工也羞愧地低下了头。李月震感觉气氛似乎太过严肃，于是指着围墙说道：“不能走出去，要不我看就从那边丢出去吧！”

这一番话逗得大家哈哈大笑，悬着的心也放了下来。不过玩笑归玩笑，自那以后，再也没人敢拿质量问题开玩笑了。

其实，李月震早就下了决心，不合格的产品坚绝不能卖！绝不做害人害己之事！这次他其实早就拿定了主意，并不是真的要找大家商量，而是要表达自己的态度。他希望通过这件事让大家知道他的原则，不能贪图眼前的小利，眼光要长远，千万不能让自己砸了自己的牌子！

经过这次教训，李月震对质量的要求更是有些“吹毛求疵”。

2004年冬天，供应科在天津购进了一批铜杆，进厂后，其性能、指标、外观等检测项目都显示合格。投入生产后，线拔出成品丝，检验室抽查检验性能指标也都合格，但是当拔到最后两吨时，问题出现了：断丝、粗细不匀、电阻超标。经过检查，发现是原材料处理不到位造成的。技术人员找出了一种办法可以解决这个问题，但会留有一些质量隐患，那要不要为了两吨货再到天津去折腾一番呢？必须去！李月震不允许任何不合格的原材料进入生产线，他勒令相关负责人必须连夜解决这个问题。李月震这种认真的精神也感染了供应方，对方很快无条件地配合调换了产品，事情迅速得到了圆满的解决。

后来企业资金宽裕了些，李月震便优先购买了先进设备和国内最精密的检测设备，坚决从硬件上杜绝不合格产品的源头。

2004年7月，工厂正式开业不到半年，小65机操作人员在生产时发现绝缘塑料的光亮度不如以前，这是个非常细小的差别，不细心的话根本发现不了。但李月震认为，任何细小的差别都会影响到产品质量，于是马上着手安排人查找原因。最终排查的结果是由于7月多雨导致空气潮湿而造成塑料反潮，形成了绝缘表面的小孔，使得塑料的光亮度不如以前。找出原因后，李月震马上购置了干燥机，保证了自己的产品出厂时的外观质量。

哪怕更换设备要付出很高的成本，李月震也在所不惜。当时厂里生产一种BVR线，但由于设备的落后老化，导致生产出来的产品成本相对较高，而BVR线本身销量却又很小，能带来的利润微乎其微。厂里的工人考虑到这一点，体谅厂里的难处，也就没想着更换设备的事，而是组织了几个技术骨干研究修改老设备，想试着能不能把成本降下去，但是效果很不理想。李月震收到报告后，二话不说："换！哪怕只有一个客户，我们也要做到最好！为了让客户满意，我们必须换设备！"几天后，李月震引进了一台当时国内最先进的束丝机设备。

为了防止"人祸"，李月震还选拔了优秀员工外出进行检验培训，用最好的人才来保证产品的质量。李月震对质检人员说："作为一个合格的质检人员，脑子里始终要绷紧'质量'这根弦，最重要的是要有责任心，不容有一丁点儿马虎！"

在李月震的感召下，检验人员为了不出差错，经常主动加班钻研，进一步熟悉产品的质量知识，并主动进行阶段培训、学习，还为生产环节当中各工序制定了标准的生产工艺卡片和质量控制卡片。

类似的事例还有很多。

2007年5月，厂里生产了一批VV3X50+1X25电缆，在进行绞丝这道工序的时候，由于电缆轴太小，造成了多处散丝。当时离交货日期已经很近了，这可怎么办？收到这份报告，李月震当即决定，这批半成品作废。车间临时安排加班，最终在保证质量的同时赶上了交货日期。

2007年8月，检验人员发现一批第二天就要发货的产品中，有27盘BVR2.5平方的电线没有"CCC A011169"的标志。班组长当即对检验科长表示："出现这样的失误是第一次，也将会是我们班组的最后一次！无论如何，我们班组都不会耽误发货的时间！”当天晚上，该班组加班到凌晨三点，给每一盘电线都贴上了“3C 标志”。哪怕只是一个标志，哪怕并非质量问题，李月震都要做到一丝不苟。

绿灯行电缆的质量就是通过这样一个又一个的细节来保障的。

不过即便再怎么认真严格，恐怕也无法保证完全不出意外。所以产品出厂并不是终点，出了问题要赶在第一时间解决才算业务合格。

2006 年的一天，业务处的电话铃响了起来。

“喂，是绿灯行吗？你们不是说差一米包赔一百米吗？我在你们那买的电缆，现在少了 5 米，你说怎么办吧！”

这样的电话还是第一次接到。挂掉电话，业务处长一脸严肃，马上打电话给李月震请示处理意见。

“此事事关绿灯行企业的声誉，我们一定要兑现承诺！你们马上派人过去，看看是不是真的不足米数，如果真是我们自己的问题，客户说要赔多少米就赔多少米，一定要给客户一个满意的交代！”

绿灯行的工作人员当即出发赶往现场，到达之后，客户一脸不高兴的样子，指着地上堆放的电缆说道：“就是看了你们的广告才买的，谁知道也跟其他家也没什么两样。”工作人员不亢不卑，要求是否能重新测量一下，客户很不耐烦道：“量吧，难道你们还能变出这五米来不成。”

工作人员忐忑不安地找了个开阔地，将电缆拉直，仔细地测量起来，结果却是一米都没少！客户却不肯相信这个结果，说：“是你们的皮尺有问题吧！”工作人员只好无奈地将自己的皮尺与客户的皮尺比较了一番，结果一模一样！

这下轮到客户不好意思了，经过向自己的工作人员询问后才发现，原来是员工测量的时候粗心大意才造成了那五米的误差。

这其实是个小小的误会，但绿灯行的及时响应却把坏事变成了好事。后来这个客户成为了绿灯行的忠实顾客，还常常推荐朋友购买绿灯行的产品，口碑效应由此而生。

还有一次，临近下班的时候，德州的一个客户打来电话，声音显得非常焦急："您好！我们前几天购买了一批绿灯行电缆，但是今天却发现型号不对，我明天就要用了，你们能不能帮忙想办法解决一下？"

工作人员开始以为自己发错货了，不过等核对完订单和发货单才明白，原来是客户自己订错了型号。客户的事就是绿灯行的事，不能因为责任不在自己就置客户的利益而不管。从李丙东村开车到德州需要五六个小时，而据客户所说，施工现场还比较偏远，为了不耽误客户的工期，绿灯行的工作人员主动留下加班，装好客户所需型号的电缆，连夜出发。

天还没亮，绿灯行工作人员就已经赶到了施工现场，在瑟瑟寒风中又等了三四个小时，终于在第一时间把电缆交到了客户手中。

这样的售后服务让客户赞不绝口："没想到你们竟会连夜赶来，这事还不是你们的责任，真是惭愧，真是太感谢了！"

只要客户有需求，无论是什么原因，绿灯行都会第一时间赶到现场。

凭着真心实意地为客户着想，凭着"不合格双倍赔偿"的质量承诺，凭着"要把客户至上、以诚相待的深刻含义渗透到绿灯行员工的骨子里去"这样的服务理念，李月震把越来越多的新顾客变成了老顾客，他的质量承诺其实也包括了服务承诺。

第四节　绿灯行天下

也许您已经注意到，李月震的工厂叫“阳谷力缆厂”，但他在报纸上做的广告，却是“绿灯行电缆”。这是为什么呢？

建厂的时候，李月震仍然想打“阳谷”的旗号，因为阳谷电缆出名，厂名里有个“阳谷”的字样容易让客户接受。只是没过多久，李月震就觉得这样不行，必须要有自己的品牌。

市场上号称“阳谷电缆”的商家实在太多了，最出名的是阳谷国营电缆厂，他们也不是没打过广告，只是花了钱以后才发现，用“阳谷电缆”来宣传就等于给所有阳谷的线缆厂都打了广告，客户还是只知道“阳谷电缆”，而不知道每个厂的产品其实有很大区别。

这可不是宣传阳谷的旅游形象，既然花了钱，那就得有效果，要让客户记住自己的产品，就必须有个响亮的名字，而且这个名字里还真不能再有“阳谷”两个字了。李月震从阳谷国营电缆厂花的冤枉钱里吸取了教训，开始琢磨着要给自己的产品取个好听的名字才行。

于是，这才有了“绿灯行”品牌。

不过这个名字的由来纯属偶然。李月震去注册商标的时候，原本绞尽脑汁想出来的名字已经被人注册了，无奈只好另想。李月震悻悻地回去，虽然这次白想了，但这也是没有办法的事情，只好先找个地方填饱肚子再说。吃完了饭，李月震边开车边琢磨这产品到底叫什么才好。他不想就这么回去，既然来了就得把事办成，可不能白跑一趟。

李月震想得有些出神，看到红灯都差点没能及时停下。绿灯亮，车放行，李月震看着绿灯，一踩油门，有了！就叫“绿灯”好了，就连广告语都在一瞬间想好了——“绿灯绿灯，路路畅通。”李月震兴冲冲地将车调头，又找到之前那位工作人员，说：“我想好了，就叫‘绿灯’。”可没想到了工作人员皱了皱眉，说：“‘绿灯’也不行。”

怎么就不行了？原来根据《中华人民共和国商标法》的相关规定，“绿灯”是官方标志，是不能用来注册商标的。工作人员想了一会儿，建议说：“要不加个‘行’字吧，‘绿灯’不能注册，我觉得‘绿灯行’也不错。”李月震一听，觉得确实不错，“绿灯行”也行嘛，一路畅通挺吉利的，于是这个名字就这么定下来了。

李月震根据当时看到绿灯而产生的灵感，为“绿灯行”设计了一个Logo，主体是红色的“L”形符号，其间半包着一个绿色的“D”字形实心圆，Logo底下是“绿灯行”三个字，右上角是表示注册商标的“®”字符，简洁明了。

随着企业的发展，李月震越来越认识到，企业做大做强最重要的根基其实就是品牌的做大做强。他建厂时给自己留了后路，把厂房建得扎扎实实，觉得钢筋水泥是搬不走的。可随着“绿灯行电缆”走进千家万户，他意识到，真正搬不走的东西是“绿灯行”这个品牌。厂址可以变，厂房也可以扩建，但品牌是不能变的！厂房设备会折旧，但品牌却随着时间的推移越来越有价值！

一旦打响企业品牌，客户就会认准这个品牌，而不会关心这个品牌背后究竟是由哪个厂来生产的。就像很多人在使用的Iphone手机，又有谁会真的去关心这手机其实是Made in china，产自深圳富士康呢？这就是品牌的价值，甚至都不用自己生产，找人代工就能赚钱！

所以对李月震来说，真正有价值的，甚至说最值钱的，就是“绿灯行”这三个字。只要客户认可这三个字，任凭外界风吹雨打，企业都能屹立不倒。

2008年，“阳谷力缆厂”正式改名为“山东阳谷绿灯行电缆厂”，几经艰辛，又进一步发展成为拥有三大生产基地的电缆产业集群。

为了推广品牌，李月震通过各种方式让绿灯行走上更大的舞台，其中最轰动的一次是在2010年2月7日，中央电视台《梦想剧场：唱到北京去》栏目组把节目录制现场搬进了绿灯行生产基地。

这事说来也巧，李月震有个发小名叫张地。如果您关注过CCTV《梦想剧场》栏目，那么对这个名字应该不会陌生，张地是2009年该栏目的冠军得主。当时李月震正琢磨着如何进一步推广绿灯行品牌，恰逢张地捧杯而归，于是便给这儿时的小伙伴打了个电话，询问有没有可能请央视著名主持人毕福剑来绿灯行一趟，借机做一下宣传。

当时张地跟毕福剑还不是很熟，但发小开口，这忙一定得帮，于是张地跟李月震约定好三天后回复。三天后，张地找到李月震说，机会倒是有一个，但是非常急，问他敢不敢接。原来是张地去找了相熟的编导，得知《梦想剧场》恰好要在近期补演一场，所有的筹备工作都要赶在半个月之内完成，时间上可不算富裕。

“接！当然接！有什么不敢接的？”李月震当即让张地跟编导说，演出的筹备工作一定像绿灯行电缆的质量一样过硬。

“不过事先可要跟你说好了啊，这是《梦想剧场》的录制现场，可不是专门给绿灯行录广告片，你们企业Logo之类的标识可都得遮好了。”

“放心！肯定不给大家添麻烦！”

为了这次盛会，全厂员工都行动了起来，在短短的半个月之内完成了所有的演出筹备工作。演出录制当天，绿灯行生产基地人山人海，原先印制的800张票供不应求，就连夜又加印了800张也依然不够！不过为了大家的安全考虑，真的不能再进更多的人了。

当天演出的现场气氛异常热烈，特别在绿灯行队登场时更是掌声雷动，绿灯行队也不孚众望，挟主场之威以一曲《沂蒙山小调》最终胜出，实现了“唱到北京去”的梦想，得以在 CCTV 这个大舞台上一展绿灯行人的风采！

虽然这并不是一次广告宣传，现场也没有任何关于绿灯行企业的痕迹，可这传播效果却比广告强过千百倍。老毕的到来轰动了全县，山东新闻网、齐鲁电视台、《齐鲁晚报》、聊城电视台、《聊城日报》等多家新闻媒体都对此事进行了采访和报道，这些报道自然也都会提到比赛演出的优胜者，而这优胜者不正是“绿灯行”吗！

但话说回来，绿灯行人能获得优胜也不是偶然的，就在绿灯行厂区接待中心的后面有一个篮球场，那篮球场旁边就搭着一个舞台，平日里公司为了丰富员工的业余生活，就经常组织员工进行文艺汇演，有了这些底子，这次绿灯行能“唱到北京去”也算是水到渠成了。

这次宣传的效果让李月震喜出望外，没想到发小会这么给力！后来李月震经常邀请张地前来支持企业年会和其他一些慈善活动，幽默的“机智歌王”经常逗得大家捧腹大笑，当然在这期间也不忘借机推介一下好友的企业品牌。2011 年，张地推出了新的单曲《绿灯行》，这是真的巧合？还是他们另有安排了？这答案恐怕只有他们自己才知道吧！只不过，那歌词的内容怎么都让人觉得有张地和李月震共同经历的影子在里面，都是初中辍学，都是经过一番艰辛才有了今天的成就。

“穿过荆棘的旅程，才有最美风景，坎坷就是单行道，想走一定走得通。”

2012 年，绿灯行建厂 10 周年了！销售额也从最初的 700 万翻了 100 倍，变成了 7 亿元。经过这些年的发展，李月震赋予了绿灯行品牌新的含义，也适时推出了新版企业 Logo——“腾飞的绿灯行”。

新标以绿色为主色，仍然是个形似绿灯的实心圆，象征着生机与活力。绿色的实心圆被以金色为主的雄鹰之翅图案包容，寓意着绿灯行电缆将如展翅雄鹰，向着更高更广阔的目标前进。与此同时，企业还推出了代言人物形象——“绿灯侠军团”，包括正气侠、诚信侠、好客侠、万能侠、幸运侠、慈善侠六名成员，赋予了“绿灯行电缆”拟人化的人格，让冷冰冰的电缆也有了一丝人情味。

李月震当年颇有些误打误撞才注册到的商标，成了今天企业最宝贵的财富，也成了全体绿灯行人最大的骄傲！

也许这是上天刻意的安排，李月震的企业似乎就应该叫作绿灯行。他原先想的名字全都无法注册，就好比在路上亮了一下黄灯，要让李月震不要急，等一等，最终才等来这“一路畅通”的好梦。

第六章　耕　耘

第一节　军纪严明

产品的质量是靠着严格的生产工艺来保证的，生产流程的每一个工序、每一道工艺都必须一丝不苟。

也许您还记得，李月震开业时那300万元的救命钱是怎么来的，是靠着严整的“军容”获得的。半军事化管理如今已成为绿灯行最大企业特色之一。

走进绿灯行的厂区，仿佛走入了一座军营。假如你是在上班之前来到绿灯行，随处可见员工们在打军体拳、跑步、操练队列。一阵嘹亮的军号响起，操场上的员工迅速散去，严整有序地进入各个车间，在各自的工作岗位上开始一天的生产。

自2002年建厂以来，李月震就一直按照军人的标准来规范员工，严格遵守厂规厂纪，严格按照操作规范调控设备。每年他都会组织全体员工进行军训，还在市场部、业务部等部门的新员工岗前培训中推广“入职军训”，取得了很好的效果。

绿灯行企业VI也同样带着浓重的军营印记。厂房、送货车都被涂成了迷彩色，电缆包装也是迷彩色的，甚至连资料袋也都设计成了迷彩样式。工人穿着的同样是迷彩服，班组长、行政人员也都有各自不同制式的“军装”，臂上都带着绣有“山东阳谷绿灯行电缆厂”的徽章。

十多年来，“半军事化管理”已经成为绿灯行企业文化的固有基因，而“迷彩”亦随之成为绿灯行最鲜明亮丽的代表色。

表面上看，这是李月震心中的军营情节，不过用半军事化的方式来管理企业，李月震则有更深一层的考虑："绿灯行的车间工人大都来自附近农村，为了让他们迅速适应规范化的工作和生活方式，我觉得只有军事化管理才能最好、最有效地把传统的乡亲塑造成为具有军人气质的现代企业员工。"

拥有军人气质的员工，才能保证一丝不苟地按照操作手册完成每一个生产步骤，才能保证生产出来的电缆都是优质合格的产品。李月震的半军事化管理，首要还是为了保证产品的质量。

为了打造军人气质，绿灯行的岗前军训甚至有些"残酷"，教官会故意"折腾"考验大家的意志。抛开普通的军事训练不说，就单是让两人同睡一张一米二宽的床这种事，就足以吓跑大部分意志不坚定的人了。但能通过这种考验留下来的人，都是认同绿灯行，符合绿灯行企业要求的具有军人气质的好苗子！

这些军事化训练，让绿灯行的员工形成了九大优良气质：

（1）一切行动听指挥，命令如山倒，执行命令坚定不移，不发牢骚不讲价钱；

（2）行动迅速果断、雷厉风行；

（3）敢于克服工作中的一切困难，具有知难而进的勇气，具有"亮剑精神"；

（4）日常工作讲究计划性、周密性、细致性、程序性、规范性、严谨性；

（5）艰苦奋斗、努力工作，没有条件创造条件也要去争取胜利；

（6）敢于承担责任，敢于主动创新去解决问题；

（7）迅速纠正不足并改正错误，不闹情绪，不说怪话；

（8）严以待己、宽以待人，把困难留给自己并率先垂范；

（9）团结友爱，忠诚无私、注重团队意识，强化集体荣辱观。

有了这样军人般的优良气质，企业也就有了军人般的执行力。生产操作规范自不必说，必须按照“如山军令”来对待，不得跨越规矩一步。李月震给每一个岗位都制定了详细明确的岗位职责，每个环节都有相应的规定，明确了相关责任，确保一旦出现问题立即就能找到相关责任人，不至于因此扯皮，也避免了许多矛盾。

有时候，绿灯行的执行力甚至显得颇为“夸张”！

2011 年，低压厂区 150 机器出现故障，不能正常运转。可当时厂里已经跟客户有约在先，必须在三天后按时交货。时间紧急，如果等待设备修好一定来不及，万般无奈下只好将这些马上就要交货的生产任务移至高压 200 护套机生产。

高压车间也有自己的生产任务，这批货的生产相当于是额外的生产任务，但他们没有任何抱怨就开始埋头苦干。为了完成任务，为了维护绿灯行对客户的一句承诺，高压厂区的员工们不分昼夜加班加点，就连吃住都在厂里，经过三天两夜的奋战，最终按期交货，圆满完成了任务！

高压车间的员工王兴成回忆说：“夏天时候机器的温度能达到 200 多度，闷得让人透不过气，连续工作儿大需要非常坚强的毅力支撑。班长总是主动干一些重活、累活，每次看到他满头大汗、衣服湿透，我们总是由衷地敬佩，每个人都受到很大的鼓舞，充满干劲，客户的订单一次次被我们圆满地完成，这就是我们绿灯行人的军人素质。”

绿灯行的员工用实际行动诠释了什么是真正的企业执行力，什么叫“军令如山”。有了这样的队伍，李月震才能百战百胜，保证企业的战略执行不打折扣。

为了保证企业的执行力，保证队伍的团结，很多事情在李月震那里根本没有商量余地。比如关于打架，他就下了“军令”：凡是殴打上级的，无论是何原因，一律将打人者开除；凡是同事间斗殴的，不论理由，两人都要开除。由于工人来自附近农村，偶尔会出现打架的事情，如果一打架就开始讲理，硬要分个对错出来，只会进一步激化矛盾。所以李月震索性一声令下，员工只要一打架，不管有没有道理，必须走人！如此一来，即便有员工想打架，动手前也要三思，为图个爽快而丢了饭碗，值不值？

这些没商量的事后来变成了绿灯行的“十四条军规”。

（1）利用职务之便，收受经销商、分销商、终端客户及下属员工礼物及钱财者离开；

（2）无论任何原因，公司内部打架斗殴，所有参与者全部离开；

（3）公开辱骂同事、顶撞领导者离开；

（4）公司内部聚众赌博及嫖娼发起者离开；

（5）酗酒成瘾、吸毒、网游成瘾者离开；

（6）未经公司允许，私自调货销售者离开；

（7）因公采购，私拿回扣者离开；

（8）本公司内部员工谈恋爱者，双方须有一人离开；

（9）有骚扰异性或流氓行为者离开；

（10）无证驾驶、酒后驾驶及肇事逃逸者离开；

（11）公司内部造谣生事、搬弄是非、挑拨离间者离开；

（12）数据统计、业务汇报、账务报销弄虚作假者离开；

（13）无假离岗、擅离职守者离开；

（14）贪污、挪用、私占公物公款者离开。

正是有了这些没商量的“军纪”，有了如此严明的纪律，李月震才练出了绿灯行这支“铁军”。

其他采用军事化管理的企业实际上也有不少，但极少能培养出绿灯行这样的执行力。很多企业只讲制度，却不讲人情，这就只能让人感受到军营的严酷，却无法体会到战友的温暖。制度是固定的，遇到具体问题还需灵活运用，在部队里，这是政委的工作，要在士兵思想出现波动的时候善加开导，把很多矛盾消灭在萌芽状态。

李月震就是这个“政委”，他讲人情，不过讲得很有技巧。

有一次，一个跟随李月震多年的老员工跑来找他，说了一些直接上级领导工作上的不是，以为董事长会念着多年的情面“重视”一下，没想到却被李月震训了一顿。

李月震说：“你要是觉得领导的方法不行，为什么不能直接跟他说呢？你这样跑来找我，我再去告诉他，这不就造成矛盾了吗？我去找他，他肯定知道你来找我了，这样你们的矛盾不就激化了吗？有什么工作上的问题，你应该直接跟他说，哪里不行，为什么不行，你讲得有道理，他为什么不听你的？这是你们双方的事，应该自己解决。”

就这样，李月震把这个老员工训回去了。过了几天，那个领导向李月震汇报说，这个老员工提了个很好的建议，这件事也算圆满地解决了。

“越级告状”这种事情处理起来很不容易，来找李月震的是老员工，如果李月震完全不理睬就会伤了人心，老员工会想跟了董事长这么多年，现在跑来反映问题却是这个结果，更何况这名老员工的意见确实有道理。但李月震又不能真的亲自处理，要是开了这个头，以后所有类似的事情都会来找他，也没法树立企业各级领导干部的权威。所以李月震只能一边训斥，一边又告诉这名老员工解决问题的办法，这样才能更好地解决问题。

这样一来，大家也都知道不能越级告状了。

类似这样的事情还有不少，定出来的规矩是绝不能侵犯的底线，但具体如何执行还要灵活处理，要让人觉得合情、合理、合法，不会觉得憋屈。因此李月震选拔干部非常注重会不会做工作，及化解矛盾的能力要强，要能身体力行，主动积极地为下属排忧解难，这样才能形成上下级互相信任的关系，才能使矛盾消弭于无形之中。

绿灯行企业员工的战友情谊，正是这样培养起来的。

第二节　以人为本

尽管绿灯行的半军事化管理制度看起来颇为严格，但所有员工却又会异口同声地说："这是一家非常人性化的企业。"

在一般的认知里，"军事化管理"与"人性化"似乎是对立的矛盾体，特别是近年来屡见报端的采用军事化管理的"血汗工厂"，更是让人对"军事化"这三个字打上了问号，那么，李月震是如何协调这一矛盾的呢？

关键是"尊重"二字。

李月震回乡建厂是抱着"干一番事业，造福一方百姓"的初衷，厂里的员工都是附近的乡亲，所以他们虽然是员工，但更是合作者，工厂虽然是李月震的，但更是大家的。李月震很尊重这些乡亲们，从来不会摆老板的架子，除了生产方面的事没的商量，其他的规章制度都是大家说了算，让大家一起来建设绿灯行这个共同的家园。

其实一家企业用什么样的方式来管理自己，首要要得到大部分员工的认同。制度想要得到彻底的执行，光靠威权压制是肯定不行的，这样只会导致人人都心怀不满，暗流涌动。哪怕是再严格的制度，只要大多数人认为是合理的，就可以得到有效的执行。大多数人都不认同的制度只会沦为一纸空文，无法执行的制度一定不是个好制度。

李月震对他人的尊重，从规章制度的制定和执行上就能看得出来。

刚建厂的时候，因为人员少，李月震只是制定了一些简单的制度暂时作为过渡。不过到了2005年，随着销售业绩上升、企业规模扩大、人员增多，原先的制度已经不符合企业需求了，这就产生了一些矛盾与不和谐之处。

在企业管理理论方面有个2万人定律，意思是说一个企业发展到2万人的时候是个槛，而很多企业恰恰就倒在这个门槛上，其主要问题就是出在了管理方面。在军队里，2万人差不多是个军级建制，要想上传下达，就必须具备行之有效的制度。2万人的队伍做起事来不可能天生地步调一致，所有人必须遵循统一的制度才能维持企业的正常运转。

其实不一定是2万人，从20人到200人，从200人到2000人，每多一个“零”，管理上的差别就会是一种质变。人员少的时候，如果出现了问题也比较容易沟通解决，管理层可以亲力亲为地到处“灭火”。而一旦人多起来，沟通的成本就会变得非常高，管理层也不可能做到面面俱到，一旦出了问题再想灭火怕是都来不及。为了不影响企业的运转效率，就逼着企业内部必须达成共识，有一套共同遵守的规则来指引企业向前迈进。

因此关于企业管理还存在着这样一种说法：小企业要像家庭，重亲情，如果有太多规矩会让人觉得过于严肃，反而会影响动力；而大企业则要像军队，令行禁止，各司其职，共同遵守规则才不会乱。李月震此时面临的就是“家庭”向“军队”的升级，如果说他以前带领的还只是一个连的特种部队，那现在他必须想办法让一个团发挥出战斗力。

李月震采用了一种出人意料却又有些“激进”的方式，用一种很“家庭”的方式来解决这个问题。他拟定了一个制度，却并没有急着推行，而是人手一份地发下去，让每个员工都来提意见。为了调动大家的积极性，李月震还放了狠话：“谁不提意见就不发工资。谁不提意见就扣钱，中层领导扣得多，高层领导扣更多。”当然，这有罚还得有奖，李月震承诺，如果哪位员工所提意见被采纳，奖励50元钱，如果没有采纳，他自己也必须解释为何不采纳，如果没有合理的解释，同样也对意见提出者奖励50元钱。

不管提什么样的意见都行，有理没理都没关系，那个时候，李月震一心只想解决好管理上存在的问题。李月震开玩笑说："犯了错误我可以不批评你，但不提意见我可要找你麻烦。"这一下子就激发了员工提意见的积极性，而收集上来的意见反馈真是什么样的都有，甚至有人提出"厂区大门的方向不对，得换个方向"这样的意见，可李月震却也不以为意。在李月震的宽容和鼓励下，每个人都把企业当成自己的家，积极地提出了各种各样的意见。就算原本有些顾虑的人，眼看着一个个看似有些"过分"的意见都得到了答复和解决，慢慢地也就大胆地说出了心里话。

通过这些意见，李月震意识到了之前工作中的一些不足之处。比如员工需要一些更衣室、应该把厂里的灯都换成节能灯，对生产上的节约精神要给予奖励、工作时间安排需要更加合理、要多组织员工进行趣味比赛等，这都是一些容易被忽略的细节问题，但也都是一些大家真正关心的大问题。

李月震将这些问题一一采纳，甚至做得有过之而无不及。比如有人提出需要搞趣味比赛后，绿灯行每年五一劳动节的时候都要组织开展全厂规模的运动会，平日里也时常组织一些文体活动，让"军营"更为生动活泼。看着自己提的意见一一实现，大家的积极性也越来越高，越来越把自己当成企业真正的主人，更会主动地约束自己。

经过两三个月的整改，员工所提意见越来越少，李月震的做法初见成效。

为了让新制度顺利实施，李月震把修改后的规章制度再次交到了每一个员工的手里，要求签字确认。如果有人没有签字，意味着这规章制度还是有问题，不签字的人就得说明白哪里不合理。此后，这种做法被当成传统保留了下来，每项规章制度的变更都会经由全体员工讨论后签字确定。

如此大动干戈，是不是为了一劳永逸呢？如果您这样认为，那可就错了。实际上随着企业的发展，李月震已不可能事必躬亲，更不可能像创业初期那样战斗在生产和销售的第一线了，他要腾出更多精力来思考，来把握企业发展的方向。李月震一贯的做事风格就是未雨绸缪，主动求变，在企业制度的建设上也是如此，与其等待制度逐渐不适应企业的发展而成为拖累，还不如及早改变，让制度成为企业发展的推动力。

所以说李月震并没打算偷懒，企业制度的建设就是他必须考虑的头等大事之一。既要保证生产效率，又要让大家觉得自在，这可着实不容易。2009 年春节过后，他留在了家里，放下了其他工作，全心拟出一份适合企业发展的新制度，为企业的未来勾画出了美好蓝图。

那段时间李月震哪也没去，偶尔出门也是到厂里走走，找人商量一下自己昨夜拟定的规章条目是否合适。李月震彻底梳理了一遍自己的思路，床头的纸条写满了他从商以来的许多心得体会。企业以前犯过什么错误？要如何避免再犯？企业以后可能会遇到什么问题？如何预防这些问题……那阵子，大家时常看到李月震家中的灯光直至午夜时分依然亮着。

他整整写了三个月。三个月后，长达 8 万字，包含了企业发展方针、经营理念、质量方针、服务理念、发展目标以及企业每个组织的建设、每个职位的职责等 102 项内容的规章制度交到了大家手中。由于绝大部分员工都是自己的乡亲，李月震甚至连员工家里遇到红白喜事如何随礼这样的细节都考虑到了。

这份规章制度经过半年多的实践与讨论，再次修改了其中的一些不适应与不合理之处，最终在 2010 年 3 月 1 日正式颁布执行。正是由于充分广泛地征集了大家的意见，充分考虑到了大家的共同利益，这项制度才会得到严格的贯彻与执行。

新制度刚开始执行的第一个月，就有人因为违反纪律被扣了工资。被扣得最多的不是别人，正是李月震的亲舅舅——企管部长张东田，他一下子就被扣了4000元。张东田虽然有些心痛，却也无话可说，谁叫规章制度上明明白白写着“领导干部要承担双倍连带责任”，而自己也签字同意了呢？

亲舅舅都不能徇私，大家也看出了李月震的决心。这是企业由小变大的过程中所要必然经历的改变，必须完成从“人治”到“法治”的转型。有了《山东阳谷力缆厂新规章制度手册》，李月震初步实现了管理制度人性化、操作规范化和质量标准化的目标。这份字字包含着他心血的规章制度手册，也成为了企业发展的一个灯塔，时时提醒着大家要做什么，应该怎么做。

李月震希望企业能够摆脱家族亲情式的管理模式，能做到依法治厂、以制管厂，事事有章可循、处处有法可依。要达到这样的目标，自己就一定不能独断专行，哪怕自己从来没想过要如此行事，却也担心万一一时的意气用事会给企业带来恶果，所以才特意组建了企业管理委员会这一机构，刻意限制自己的权力。另外，管委会也可以发挥集体的智慧，用集体智慧来带领企业不断前进，这就可以避免因个人存在盲区而令企业撞上暗礁。

此后厂里的所有重大决策都必须拿到管委会上讨论，如果出现意见分歧，不严重的事情当面表态，严重的事情采取不记名投票的方式进行表决。表决遵循“少数服从多数、个人服从管委会、下级服从上级”的组织原则，一旦形成决策，任何人不得更改。对会上的不同意见，一经表决不得在会后有任何反对的表示，不准在私下泄露会议中的讨论细节及讨论内容。

李月震亲任管委会主任，副主任由全体委员不记名投票选举。管委会的成员包括企业所有中层以上干部，为了更好地听取基层的声音，管委会还特别纳入了 4 名基层干部代表及 4 名员工代表。这 8 名代表的任期为一年，同样也是由全体基层干部和全体员工选举产生。管委会部分成员是通过选举产生的，这就开放了一个自下而上的信息反馈通道，让企业当中每个人都有机会参与企业管理，也有利于提高员工自身的积极性。

建立管委会、通过集体智慧来管理企业，这样的企业管理方式并非李月震独创。很多企业也都有董事会、理事会这样的公司治理结构，特别是民营企业，发展到一定的阶段就会想到改制，通过建立现代公司制度，避免企业主一个人说了算而可能带来的风险。但是也一直有这么一句话，民营企业的企业文化实质上就是老板文化，这种说法有一些道理，可是从不同的角度来看，这种说法却是褒贬不一。

从正面理解，民营企业的老板不少都是白手起家，他们的创业精神能给企业初期的发展带来勇往直前的冲劲。这就好比电视剧《亮剑》中所言："一支部队的传统和性格是由这支部队组建时，首任军事首长的性格和气质决定的，他给这支部队注入了灵魂。"其实企业也是如此，绿灯行的企业性格在某种意义上也正是李月震的性格缩影，是他在创业初期给企业注入的"军魂"。

从不利方面看，民营企业老板都可以称得上是成功人士，很容易被自己以往的成功所蒙蔽，从而过于相信自己的判断。这些企业老板虽然自己有心改变一个人说了算的局面，却往往在执行的过程中无法带头做到这一点，这也就让"老板文化"制约了企业的发展。

管委会成立了，但到底能发挥多大的作用，实际上是取决于李月震的态度。如果李月震只是想做做样子，那下面的人还真不敢说些什么，所有的流程都会变成一种表面上的形式，只不过是顺着李月震的意思罢了。

要想让管委会真正起到作用，就必须要求企业的董事长、管委会主任李月震自己带头遵守定下的这些规则。为了彻底表明自己的态度，李月震在《山东阳谷力缆厂规章制度手册》的第一页上，对全厂员工写下了郑重承诺。

“山东阳谷力缆厂最高管理委员会为企业的最高管理部门，我决不因为是本厂的负责人而凌驾于管理委员会之上，决不更改管理委员会做出的任何决定，并带头执行管理委员会制定的制度，保证彻底监督执行并完成管理委员会决定执行的每项任务。企业存在，管委会就存在，永不解除，如若违犯以上任何一项规定并形成事实，我自愿拿出现金 50 万分发给管理委员会成员作为惩罚，另拿出 10 万元现金奖励提出意见并坚持监督执行的员工。”

白纸黑字，真金白银。

说到底，“老板文化”好不好实际要看这个老板究竟有没有“文化”。

管委会建立后，每月都会举行一次全体委员会议，每周一举行例行常委会，还会根据需要随时召开临时常委会或全委会，讨论决定临时发生的各种事项。自那以后，企业上下大大小小的决策皆是由管委会做出，李月震也只不过是其中的一分子。

具体制度由全体员工商议决定，大小决策由管委会讨论做出，李月震从上下两个层面构建出了绿灯行的管理模式。但这其中还有一个小小的缺憾，毕竟企业当中人员那么多，不可能做到事事开会，天天交流，还需要一个能沟通上下的平台才行。

这一点李月震早就想到了，早在 2007 年 8 月 1 日，他就创办了《绿灯行电缆报》，让大家在报纸上畅所欲言，员工的意见也通过这一方式得到了充分表达。这份报纸加上后来创办的企业内刊《绿灯行》，成为了绿灯行广大员工的精神家园。我们如今已能看到绿灯行的员工经常在刊物上发表文章，交流思想感悟，为企业的发展献计献策。

在《绿灯行电缆报》的创刊号上，李月震写道："《绿灯行电缆报》旨在为大家搭建这样一个交流平台，围绕公司的经营管理、每一个人每一件事做文章，让大家事有记的地方，怨有吐的地方，意见有提的地方。当然，作为公司的最高管理者，肯定也希望这张小报能成为公司发展业绩的备忘录、展示员工情怀和企业文化特色的窗口。共同参与、群策群力，让这里凝聚绿灯行人的热情，互动交流，互动管理，以人为本，创建诚信、协作、奉献、超越的企业文化平台，这对于大家，对于公司的发展都将是十分有益的。正是遵循'沟通上下'这一理念，所以我提倡大家给《绿灯行电缆报》写稿，什么都可以说，不署名也可以。"

创刊词热情洋溢，充满激情，李月震希望搭建一个沟通上下的交流平台，让员工"事有记的地方，怨有吐的地方，意见有提的地方"，这体现了李月震对员工的尊重，希望员工体会到作为一名绿灯行人的自豪，希望员工以主人的姿态投入到工作当中。

管理，首先要尊重他人。

正是因为尊重他人，李月震的"军营"才能这么有人情味。

第三节 赏罚分明

自2008年金融危机开始，不少企业都遇到了“用工荒”，但李月震却从来不用为此烦恼，他的企业人心安定，走的人很少。

厂里的员工说：“别的地方也有给钱多的，但这里待着舒服。同事们都这么好，为了多赚200块钱就走，不值得。”

李月震的厂里有人情味，同事们互相尊重，让人有归属感，而且跟着李月震也能赚到钱。李月震的分配制度很合理——多劳多得，这也让人觉得很公平。

最早的时候李月震采用的是固定工资模式，后来发现这不利于提高员工的积极性，于是在2008年的时候进行了薪酬体系改革，采用了固定工资加绩效工资的形式。基本工资其实真不高，员工600元，基层干部800元、中层1200元，高层也不过是1500元。但李月震几乎把每一样工作都细化成了工作量，这就给了员工多挣钱的机会。

生产车间好算账，计件付酬，同时也兼顾到生产效率，比如一个每年只造成2斤废料的操作工人，赚的钱一定就比每年造成5斤废料的操作工人多。绿化部门和办公室，也都按工作量来计算。栽一棵树有钱，浇一遍水有钱，只要干活就有钱。办公室管理档案也是一样的道理，每加一份档案就增加一份钱，这些情况李月震可都是规定得清清楚楚的。要是工人嫌活少，没关系，还有别的差事，可以去打扫卫生，可以负责伙食，若是客户来了还可以兼任讲解员。多一份活就多赚一份钱。

原先厂里有些活还有人不愿意干，细化成工作量以后，李月震就有了幸福的烦恼——大家抢着要活，活不够分了。

中高层没有直接参与生产，绩效主要体现在教育和管理能力上。比如给员工做培训，多少人、多少课时、多少钱，这些都算得清清楚楚。最终拿到的钱还要跟员工的考试成绩挂钩，员工考得好说明领导教得好，拿的钱相应就多。中高层领导还要对员工的行为负责，如果某个员工挨罚，那么他所属的车间主任也得跟着挨罚。如果生产出了问题，相关负责人有可能不仅一分钱都拿不到而且还得倒贴。当然，如果领导管得好，生产效益提高了，那赚的钱也就多了，最多都能翻番！

光有奖励是不够的，一个企业有奖也要有罚，这规矩才能立得住脚。可是工人们赚得也不多，扣得狠了必然离心离德，人心一散这队伍就不好带了。不少企业就因为赏罚制度定得不合理，因而失了人心。怎么罚是个学问，好在李月震有办法。

刚建厂的时候，李月震采取了一种较为“简单粗暴”的办法——连坐。他要求被正式录用的职工必须签订联保责任书，若填写联保责任书的员工严重违反公司规定，公司将按有关规定对该员工联保责任书上的联保人员进行处理”。也就是说，只要这个责任人出了问题，那他的担保人就要跟着遭殃。

这办法虽然“简单粗暴”，但很实用。中国终究是个人情社会，人的面子比什么都大，总不能让村里的亲戚邻居看着自己丢人吧。而且如果一个人不靠谱，也没人敢给他担保，这就大大减少了员工出状况的可能性。

不过这终非长久之计，一开始人少还好办，可公司越来越大，人也越来越多，难保不会有一两个害群之马出现，总不能把他所在村里的百十来人都开除掉吧？这不科学，更不合理，李月震暗自琢磨着应该如何改进一下。

有一天，李月震进厂的时候路过门岗，发现门卫对员工的检查并不认真，随手拿着金属探测器任意一挥，就放人过去了。照这样的态度检查下去，恐怕迟早得出事。于是李月震偷偷叫上几名工人，在身上藏好铜线，想试试看能不能从厂里带出去。

结果不出李月震所料，门岗形同虚设，这可被李月震抓了个“人赃俱获”！

李月震发怒道：“你们这些人是怎么回事？这些人把铜带出去了你们都没发现，这做的是什么工作？要不是看你们都是老员工，又是一把年纪的，我怎么会给你们安排这么轻松的活？这样你们都还不好好工作？”

门卫自知理亏，支支吾吾地辩解道：“李总，这是你叫人藏的铜。”

李月震明显还在气头上，继续说道：“这次没查出来，那真要是有人偷东西，你们不也查不出来吗？今天这个事证明就算咱们厂真丢了原料你们也根本不会知道！”

李月震很少发怒，这下可把门卫吓得噤若寒蝉，一句话都不敢说了。李月震看着门卫那样子，心里又有些不忍，心里便琢磨着该如何圆场。如果扣他们的钱，扣多少合适？如果把他们开除的话，这惩罚会不会太重了？而且到时候乡亲们一定会说李月震不近人情，明明没丢东西还要使劲折腾别人。

李月震有心借着此立威，于是说道：“从现在开始，你们每个人每月的工资涨两百块钱，但是以后我会随时演习，如果再有人藏着东西过去而你们抓不住，发现一个，你们每人罚一千！发现两个你们就回家！”

门卫一听喜出望外，原以为这工作保不住了，没想到反而还涨了工资，只是这心里面还是不踏实，因为犯事在前，李月震又在气头上，也不便说些什么。

后来李月震又试了几次，六个“试验员”被门卫抓住了四个，还是有两个“漏网之鱼”。虽然扣了门卫两千块钱，但李月震一点儿都高兴不起来。他定这个规矩可不是为了扣钱的，而是为了要解除安全隐患。他再仔细一想，好像自己确实也有不对的地方，一下子就扣掉门卫半个月的工资，这是有些狠了，而且这样光罚不奖，很难让人没有怨言。李月震要的是真心实意做事的员工，于是又去找保卫科商量这事。

“我知道你们心里可能有想法，这样吧，以后不光罚你们，如果有人将厂里的原料带出去而你们没有发现，漏掉一个罚你们一千，抓住一个的话，奖励翻倍，奖两千！这样行吧？”

这怎么会不行，门卫们很痛快地就答应了，也打起了十二分的精神，一门心思想赚这钱。没过多久，李月震又考验了他们一次，还是有些漏网之鱼没被门卫抓住，但这回抓住人的门卫都拿了奖金，那奖金甚至比工资还多。保卫科的人也暗中较劲，憋着口气要让李月震无话可说。这样有奖有罚，被罚的人也没话说，反倒是追着李月震问：“李总你啥时候再试试我们啊，也让我们回点儿本钱。”

李月震笑而不语，一个月后再次对自家的门岗发起了“总攻”。这回的“实验员”增加到了12个，李月震心里盘算着，要是门卫能逮着10个身上带着铜线的员工，这效果也算达到了，可没想到这次保卫科给了他一个惊喜——12个身上藏了铜线的“实验员”全被抓住了！

这一万二的奖金，李月震花得踏实，花得高兴。那天晚上李月震还请了保卫科的员工一起吃饭，觥筹交错间赢得了人心，少了隐患。

很快，全厂都知道了这件事，就算那些有贼心的人看到如此情况也没了贼胆。十余年来，李月震的厂区基本没丢过东西，这不能不说是个小小的奇迹了。

通过这件事，李月震也感悟了一个道理。厂区安保的好与坏，不是靠着推拉门、警报器、监控探头这些高科技产品，靠的是赏罚分明的制度。罚钱不是目的，只是一种手段，光罚钱达不到目的，必须奖惩有度才好，这样才不会招致怨言，大家才会更积极地去遵守这些制度。所以后来李月震制定出台的一些惩罚措施，也都必然伴随着相应的奖励制度。

例如为了消除生产安全隐患，李月震让生产部与维修部展开竞争，没发现问题的扣50元，发现问题的奖励50元，这样一来大家都积极地找问题，哪个螺丝松了，哪个灯不亮了，哪个仪表不转了，如果发现了可就是钱啊，而且这样也就能把设备存在的问题在第一时间排除掉了。

有了奖惩分明的制度做保障，李月震也得以推行较为严格的日常规范监督制度。每次他不会过多地惩罚员工，不会让人因为被罚钱而感到肉疼，为的就是给大家提个醒，但对违章违纪行为也绝不姑息，一旦觉得哪些方面的工作需要特别注意一下，他就下个指标，用更多的奖励措施对员工进行激励。

一个企业想要留住人，除了当前的薪资标准，更重要的是能够让人看到前景。只不过在很多地方，这个前景是虚的，那就成了给别人画饼。前景是要让人看到、感受到的，一个公平合理的奖惩制度必不可少，付出与回报要与奖惩制度结合在一起，才能让企业内部充满良性竞争，大家一起齐心协力向前看。

赏罚分明了，矛盾少了，绿灯行的销售业绩自然也是年年上涨，这就能形成企业的良性循环。所以自金融危机以来，在其他一些工厂都在忙着裁员降薪的时候，李月震却在忙着为员工加薪搞福利。工资年年上涨，没有一年下滑的情况发生，中高层领导干部的薪水几乎是年年翻番，从前月薪三千、六千到一万，再到现在年薪接近二十万。员工的福利也跟着上浮，食堂、宿舍全都有了，甚至为了让大家吃到新鲜的蔬菜，还在厂区盖起了大棚，让员工自己种菜。

这就难怪李月震的厂里没人愿意走了。

第四节　上善若水

李月震的员工大部分都是临近村里的乡亲，为了照顾农活，他宁愿牺牲一些企业效益，也要在秋收时节停工放假，让大家回去帮忙秋收。他还定了一个“奇怪”的规矩：要是听说哪个员工惹家里老人生气了，或者老人因为员工不孝顺而找到厂里来了，一律开除这样的员工。

这不是什么“潜规则”，而是公司的明文规定。李月震是李丙东村有名的孝子，最见不得别人有惹老人家生气、不孝顺的行为，为了避免单位员工有这种邪风，索性从规章制度上加以确立，希望能形成一个好的风气，也希望所有企业员工都能被这种良好的风气带动起来。

每年的中秋节、重阳节、春节，李月震都会派出企业慰问团，给周边村子里的老人及企业员工的父母送去慰问金和慰问品，还会直接从员工的奖金中扣留一部分，直接送到员工家里老人的手上。李月震知道农村个别地方还存在一些陋习，怕员工想给老人家钱而媳妇不情愿，索性自己来当这个“坏人”了。这样一来，员工们高兴，扣留下来的奖金直接拿去孝敬父母，这本就是自己应该做的，现在公司这么处理还能避免一些家庭矛盾。而老人家更高兴，孩子能在这样的企业上班，自己绝对放心！

2014年春节，又到了企业员工孝敬老人的时候，谁料到这次李月震大手一挥：“今年经济不景气，就不扣员工的奖金了，今年孝敬各位员工家里老人的钱全部由公司出！”这可把大家高兴坏了，很多企业可都是拿经济不景气当理由来克扣员工年终奖的，有谁会像李月震这样在经济不景气的情况下替员工出钱孝敬自己老人呢!

李月震做出这样的事其实一点都不稀奇，他一直都是将心比心为别人着想的。

几年前，李月震借给村里一户人家钱，谁料到过一阵子这人玩起了失踪，于是有人就跟李月震说这钱恐怕是要不回来了，这人肯定是还不上钱所以躲起来了。可李月震却说："不会的，他家里是有困难，他借钱又不是干别的，而是给孩子结婚用。这人不坏，现在还不上钱肯定会不好意思，所以才躲着大家，但我相信他们以后一定会慢慢富裕起来的。"

正如李月震所言，那户人家过了几年果然富了起来，一心想把欠的钱全部还清，可李月震这时却怎么也不肯要这钱了，完全当做了对那户人家孩子结婚的资助。

如果换了别人遇到这样的事，恐怕很难像李月震这样淡定。李月震虽然不缺那些钱，可借钱的人都不见了，他却还能为对方着想，这并不容易。也难怪别人都说李月震会识人，其实他更多的是在为别人着想。

不仅如此，李月震的心里其实还惦记着一些贫困学生。从1999年开始，他就在力所能及的范围内资助了周边村里的一些贫困中小学生。近些年，他更是以几乎一年翻一番的力度支持帮助贫困学子一圆求学梦。

2010年一个偶然的机会，李月震从阳谷烛光协会了解到，有70多名家庭贫困的孩子需要资助，由于这些贫困学生的人数较多，仅靠烛光协会难以解决问题，他当即决定资助其中的50名贫困学生完成学业。这些孩子大多是中小学生，他根据这些孩子的年龄制定了不同的捐助标准，每月捐助小学生的费用是七八十元、中学生则是每月一百五六十元，这样的捐助直至这些孩子大学毕业。

李月震与烛光协会的合作一直在延续，资助的标准也因物价上涨而上调。仅2012年8月，李月震就资助了150名贫困中小学生每人200元，并在今后每月都按这个标准进行资助。在后来的一次慈善公益演出中，他更是一下子拿出20万元现金，帮助100名家庭贫困的大学新生顺利走进校园。而在此之前，他已经给73名大学新生寄去了每人3000元的学费补助。

李月震并不是捐完钱就不管这些孩子了，他安排专人为这些孩子办理了银行卡，每月按时把钱汇到这些孩子银行卡上。谈及缘由，李月震曾说道："由于这些孩子比较小，自制力比较差，如果一下子把钱全都汇给他们，我怕他们乱花，这样不利于他们的成长。比资助他们更重要的是让他们首先学会节约。"

李月震做事就是这样细心，总是在一些细节之处让人觉得温暖，让人觉得他是真的站在对方的角度，真心为他人考虑的。李月震觉得慈善不是一种施舍，而是一种责任。他曾说道："对孩子们的资助不能仅仅局限在金钱上，更重要的是给予孩子们心灵上的帮助，让孩子们感受到社会大家庭的关爱，这样才能使他们有一颗健康、美好的心灵，以后才能更好地为社会做贡献，从而实现自己的人生价值。"所以李月震常常邀请这些受资助的孩子们到厂里参观，体验劳动，给他们讲一些励志故事，希望他们不要畏惧眼前的困难，要通过奋斗改变命运。

其实这何尝不是李月震自己的故事。一个农村孩子，通过自己的奋斗，终于成就了一番事业！又有谁知道，这些受他资助的孩子里面，会不会出现下一个李月震呢？

也许觉得这样有些零散的捐助还"不过瘾"，为了更好地回报社会，李月震决定拿出公司总销售额的千分之二，于2013年1月1日成立了绿灯行慈善基金会，主要帮扶对象是贫困的残障人士及贫困家庭的在校中小学生。将来随着公司业务的扩展和公司规模的扩大，慈善基金的帮扶对象将会扩大到孤寡老人及孤儿收养、农村医疗、教育等方方面面。

绿灯行慈善基金会章程中特别写道：对尚有劳动能力的贫困、残障人士进行“创业性的帮扶”，如：联系技术学校对受资助人进行劳动技能培训；购买移动餐车、报车、修鞋修锁或运输工具等适合该人士的营生设施，让这些人能够在他人的帮助下自食其力。

李月震不希望把慈善做成一锤子买卖，真正的慈善应细水长流。

由于自己平日里工作太忙，李月震委托父亲李文亮担任慈善基金会的会长，70多岁的老人如今为了公益事业依然四处奔波，这不禁让人动容。

绿灯行慈善基金会的第一次运作就资助了61名贫困学生，给每人发放了300元的助学金。而对一些特别困难的家庭，绿灯行慈善基金也不忘伸出援助之手。

聊城市东昌府区的阮峰之有个四口之家，他原先是个工薪阶层，本来就不富裕，2012年，正值而立之年的阮峰之被医院确诊患有脑癌，经历过手术治疗后，癌症没有治愈，家庭却已债台高筑。家庭支柱骤然倒塌，阮峰之正在读书的儿子面临失学，妻子伤心痛哭却也无能为力。这个上有老下有小的家庭面临着无法生活下去的困境。

绿灯行慈善基金得知这一情况后，立即为这个创伤累累的家庭送去了五千元救助金，并承诺资助阮峰之的儿子阮洪力读书，直至其高中毕业。

已在绿灯行工作多年的孙士光是一位年近花甲的老人，膝下育有有三儿一女，女儿因幼时患婴儿瘫导致全身瘫痪，老两口没少东奔西走地给女儿看病，但却一直没有治愈。孙士光的妻子每天给女儿穿衣、喂饭、甚至照料她上厕所。年龄越来越大的老两口时常担心，一旦他们老去，女儿该怎么办？经历生活困苦的老两口本该像其他人一样有一个幸福的晚年，却面临着这样一个无法解决的难题。

由于家里的特殊情况，绿灯行一直对孙士光一家人照顾有加。绿灯行慈善基金会成立后，又资助孙士光家庭每月200元的生活费，给两位老人带来了些许安慰。

2011年，定水镇蒲庄的邹公泽在下班途中从摩托车上摔下来，经抢救无效去世，其妻子于2012年改嫁。邹公泽那只有12岁的女儿邹恩俭原本应该过着无忧无虑的童年生活，现在却被残酷的生活蒙上了阴影。本来幸福美满的三口之家，如今只剩下了邹恩俭一人，由没有收入来源的爷爷奶奶抚养，这样的生活真让人喘不过气。

绿灯行慈善基金会得知这个消息后立即给孩子送去了大量生活用品，并承诺今后每个月资助其200元的生活费用。也许孩子童年所遭受的打击并不会减轻太多，也许孩子的幸福谁也没有能力挽回，但绿灯行会尽最大努力，给予孩子一些生活上的帮助，抚慰他那幼小的心灵。

家住济南市天桥区的宋吉华因患骨髓炎导致高位截瘫，2006年又被诊断患有高血压、心脏病。妻子没有正式工作，且患有系统性红斑狼疮病。一家人住在面积不大的廉租房里，就连家具也都是从二手市场买来的。整个家庭仅靠宋吉华每月五百元的退休金和七百元的低保费勉强维持。面对日趋高涨的物价，再加上还在念书的女儿需要抚养，宋吉华的生活是那么的苍白无力。

2013年4月12日，宋吉华看到了绿灯行慈善基金会的信息后，鼓起勇气给基金会打去了电话。绿灯行基金会工作人员汇总他的资料后，第一时间审核完毕，把2000元救助金送到了宋吉华的手中。

马金英，这位73岁的老人，老伴、儿子都已去世，如今她和女儿、女婿一起生活。她的女儿患有重度一级精神分裂症，女婿没有工作，且患有脑血栓，马金英女儿的一对儿女也患有严重智障，一家五口仅靠低保勉强维持着生活。

绿灯行慈善基金会得知此事，立即送去两千元的救助金和大量生活用品，并告诉老人以后再有困难尽管给绿灯行慈善基金会的工作人员打电话，绿灯行还会第一时间给予她们帮助。

也许马金英老人的话能最能代表这些受到帮助的人，她说：“社会上还是好心人多，我们感谢你们的帮助。好人有好报，绿灯行发展的一定会越来越好。”

上善若水，李月震做慈善并不是为了出名或是追求轰动效应，他要的是细水长流，让绿灯行的发展滋润周围的乡邻。

“干一番事业，造福一方百姓”，李月震始终不忘回乡建厂的初衷，并将其一步一步地化为现实。

第七章　扩　张

第一节 布局山东

质量是李月震企业成功的基石，半军事化管理、人性化操作是成功的土壤。基石护养着土壤，土壤培育着根茎，为绿灯行这棵大树汲取水分。但根茎是无法进行光合作用的，能够进行光合作用的是那许许多多的枝叶，没有销售渠道这样的枝叶作支撑，再肥沃的土壤也无法养育出挺拔的树木。

打好了基础，李月震要进行“光合作用”——扩张渠道了。

济南是李月震的大本营，就在他为工厂奔忙的时候，济南的店面就在源源不断地为工厂输血。等到阳谷力缆厂正式开业时，济南原有的销售渠道就成为了真正的“枝叶”。

依靠绿灯行的质量保证，李月震拿下了济南市场，开始有了更多的想法。李月震回乡建厂，从某种意义上来说是被逼的，他想“走出去”，却撞上了“3C 认证”这堵墙，只好回头另谋发展。现在工厂建好了，制度规范了，他又开始想着往外走，但一时又腾不出手。另外，虽然当时绿灯行虽然通过媒体造势，有了一定的知名度，但毕竟是个新厂，产品线也不够丰富，要让其他地方的经销商迅速投至李月震旗下，也不是那么容易的事。

契机在 2004 年夏天来临。当时李月震的一个外甥做生意失败，欠了别人些钱，跑来找他，说要跟着舅舅干，没想到却被李月震训斥了一顿。

“你跟我干，我给你发工资，一个月也就 900 块钱，你什么时候能还上账？年轻人得有点出息！要干你自己干！我给你发货，你自己卖去！”李月震最见不得年轻人不求上进。

李月震是真心实意想帮外甥的忙，就像当年希望姐夫李军臣能有自己的事业一样，如今也希望外甥能闯出自己的一片天地。当时济南线缆行业的竞争已经愈发激烈，自然不能让还没有经验的外甥到济南拼杀，于是李月震带着外甥跑遍了整个山东，最后把生意选在了济宁。

李月震带着外甥在济宁专门卖电缆的地段找门店，可转了半天也没看到有门店空置，到了吃午饭的时候，李月震看到一家羊肉汤店，心念一动，拉着外甥走了进去。

本来只是两个人吃顿便饭，外甥本以为喝两碗羊肉汤就好了，可李月震却点了一大桌子菜，还要了几瓶酒，看那架势是要大吃大喝一顿了。外甥一个劲地说吃不完，劝李月震少要点吃的，可李月震却不以为意，说这家店看起来不错，要尝个新鲜。

这下可把老板高兴坏了，来了大主顾，又喜欢自家的菜，于是就过来跟他们聊起天来。

“老板，你这菜蛮好的啊，生意应该还不错吧？”

“哪儿啊，生意一般。你看这周围都是卖电缆的，吃饭的人就那么多，能好到哪儿去啊。”

“这地段还真是，全是来买电缆的，可惜了。不过这边的租金应该不贵吧？”

“租金倒是还好，不过你看那些租金贵的，人家地段好，赚的也多啊。”

“那你就没想挪个地什么的？”

“也想啊，可咱这是小本生意，太贵的地方也租不起。”

老板叹了口气，脸上露出了向往而又无奈的神情。李月震一看老板有些动心，借机说起了自己当年在济南经营的事情：“跟你说吧，我以前也在济南经营点小生意，原来生意也一般，后来搬了个地就好起来了。搬的值！绝对值！赚的钱可比那以前多多了。”

没想到两人竟聊起了生意经，相谈甚欢，外甥看李月震一点都没有想走的意思，便一个劲地在旁边使眼色，可李月震却是一副不聊到天黑不罢休的架势，几杯酒下肚，两人已经在那边称兄道弟了。

到了结账的时候，李月震拍着老板的肩膀说：“兄弟啊，不瞒你说，我是做电缆生意的，这次到济宁来就是想找个门店卖电缆。你看这样可好，你这家店盘给我，我多付点钱，这样你也可以去换个地段好点的门店，咱一起把生意做红火了！”

老板一愣，没料到自己还能遇到这般好事，这还真有些不敢相信，问道：“当真？”

李月震也不含糊，当即掏出定金塞到老板手里说：“就这么定了，你这几天有空去找找门店，找到了就跟我说一声，我就过来，咱一起开业！”

一顿便饭，李月震就谈了个双赢的买卖，定下了济南之外的第一家门店。出了门，外甥恍然大悟道：“舅，怪不得你要点那么多菜呢！原来是别有用意啊。”

过了几天，羊肉汤店的老板打来电话，说已经找好了门店，他们可以过来装修了。于是李月震又带着外甥去了济宁，丈量好店里的面积，画成草图带了回去。没几天，他就把装修的设计图交到了外甥手里，又交代了一些注意事项，让外甥赶紧装修好了等着开业。随后又发了几批货过来，压根儿没提钱的事。

只过了半年，外甥那边就传来了捷报：“舅，你可真会找地方！生意太好了！现在都有人指名要咱绿灯行电缆了！我啥时候先还你点钱吧？”

“不急，你这刚开始，用钱的地方还多着呢，有钱再找门店开分店去，要想着怎么做大了！”

2005年春节的时候，外甥开着一辆崭新的捷达轿车回了村里。汽车停在家门口，引得乡亲四邻纷纷围观，好一阵艳羡，直夸他有出息，这才半年多的光景就赚了辆车回来！而出谋划策者李月震却没有出现，他怕自己抢了外甥的风头。乡亲们其实并不知道，如果不是李月震的“蛊惑”，外甥只能开着辆面包车回家。在此之前，他们二人还就买什么车商议过一番。

外甥本来只想买辆面包车方便跑业务，但当时手上的钱不那么富裕，便想找舅舅先周济一下。不料李月震却说：“买什么面包车？要买就买好点的，开出去也有面子，你差多少，我再给你凑点。不过也别太贪心了，刚开始做生意，钱还是要省着点花。”

“那谢谢舅舅了，等手上这批货卖出去了就把买车钱还你。”

“还？不用还！这车算舅舅送你的了！不过我有个条件，过年的时候你可得把车从济宁给我开回村里去。”

外甥一听当然愿意，这算什么条件嘛，有车当然要开回家了，自己本来就是这么打算的。就这样，在李月震的赞助下，原先的面包车变成了一辆捷达。

李月震这么做当然是出于对外甥的照顾，不过这里面也还有另一层深意。外甥要是开着面包车回家，大家看看也就算了，没什么新鲜的，可要是换成轿车就不一样了，乡亲们肯定要羡慕一番，会问他是怎么干的。怎么干的？还不是跟着李月震干的嘛！

李月震是想借此“显摆”一番，好让乡亲们知道，跟着他李月震干有前途！这样乡亲们才更愿意跟着他做事，自己的事业也才能越做越大！更主要的，这扩张渠道的事情现在可还缺人手呢。

外甥回济宁以后，就依着李月震的吩咐扩大规模，生意越做越红火。有了这个榜样，不少亲戚朋友也都纷纷来找李月震，说要跟着他卖电缆。李月震也不含糊，哪个去德州，哪个去青岛，哪个去潍坊，全部安排得妥妥帖帖。当然，他们开业的时候李月震也都没少出力，在钱和货上都给予了大力支持，为了方便送货，还给每人都买了辆面包车。

对那些特别困难的乡亲，李月震更是格外帮忙，只要肯干，钱都不是问题。当时李月震刚认识一个朋友，本来也是做生意的，那阵子因为一些原因落魄至极，李月震知道后心里不忍，就劝他也来卖电缆，自己还能帮些忙，这才让朋友有了东山再起的机会。

李月震做这些事的时候，并没有想着回报，要不然也不会自己垫钱来做这些事。他忘不了建厂时大家对自己的帮助，现在自己有了能力，当然要拉大家一把。这也是他回乡建厂的初衷，不是为了自己，而是为了让大家一起过上好日子。

到了来年春节，这些李月震播出的第一批“种子”都开花结果了！那些跟着李月震卖电缆的亲戚朋友个个西装革履，开着小轿车衣锦还乡。谁料到就算这样还被李月震“笑话”，说一年才卖几百万的货，真是卖少了。其实，一个门店一年下来能有几百万元的销量，在电缆行业已经算是很了不起了，只是李月震这么一说，大家的信心更足了！

眼见为实，哪怕一开始心里还有些疑虑的乡亲，现在眼看着别人都发展得这么好，也忍不住蠢蠢欲动嚷嚷着要跟着李月震干了！只用了3年的时间，到了2007年的时候，李月震已经在山东省的17个地级市都开出了“绿灯行”门店。

从严格意义上来讲，李月震在其他地市开的这第一批门店，是半直营半加盟的模式。说是直营，因为都是自己的亲戚朋友，刚开始的时候，李月震不光送上马，还得扶一程；说是加盟，是因为李月震自己并不参与门店的管理，销售的利润也并没有算在公司的盈利上。

助人终助己，正是靠着这些亲戚朋友们的出力，李月震让“绿灯行”渗透到了山东各地市。这些门店，基本上都是当地经营电线电缆的门店中形象最好的，销量也都遥遥领先，后来更是进一步升级为“绿灯行 4S 客服中心”。客户从这些门店认识了绿灯行，知晓了绿灯行的经营理念，也为日后的大规模招商打下了坚实的基础。

李月震兑现了当初的承诺——这批最早的经销商如今都可谓是一方诸侯，他们当中已经有了数十个千万富翁，数百个百万富翁！

也许正是因为扩张渠道时见识了经销商的力量，这才有了李月震后来的营销理念，他也尤为注重经销商关系，把经销商当家人看待。

水能载舟，亦能覆舟，绿灯行这条大船还需要经销商们齐心协力，方能破浪前行。

第二节　强将手下无弱兵

为了进一步拓展与巩固山东这个根据地，李月震还向各地市派出了“特种部队”，通常是由将近十个人组成的营销团队，在各地攻城拔寨。

俗话说强将手下无弱兵，李月震自己是做销售出身，在经验方面必定对他的团队倾囊相授，很快捷报频传。

淄博是绿灯行最早进入的几个二线城市之一。

绿灯行淄博办事处在醒目位置挂着全省地图与淄博市地图，这不是摆设，而是实实在在的营销区域图。图上标满了搜集来的楼盘资料及工厂分布情况，便于销售人员确定下一步的营销范围，初步锁定目标客户。这样就让营销团队中的每一名成员都能清楚地知道自己所负责的区域里有哪些潜在客户，知道自己该做些什么，不会漫无目的地跑来跑去。

淄博团队的“带头大哥”叫李百臣。把区域经理叫“带头大哥”，也算是绿灯行的一个传统，李百臣也确实有大哥风范。“小弟”遇到挫折，他从不责骂，拍拍肩膀，说一声：“兄弟，我们一起来努力！”坐下来和大家一起分析问题、解决问题。有了空闲，李百臣还会亲自下厨，做上一道拿手的“奶汤鲫鱼”，与团队成员一起分享。

平日里，李百臣还经常组织业务交流会，组织大家学习专业知识，交流营销技巧。有这样的“带头大哥”，大家自然也不敢怠慢。他的员工张继增能记得上千种产品的规格型号，对一些有特殊用途的产品也都了如指掌。

“扫楼”是营销团队的日常工作之一，就是到各个建筑楼盘和工厂搜集资料，简单介绍自家的产品理念、销售承诺等，并得到信息反馈。这天去“扫楼”的是李百臣的另一员大将马超，换了别人，如果负责人不在，也许就随便找个人转交材料，自己也算完成任务了。不过马超心很细，如果对方的材料处经理不在，他也会想方设法找到材料保管人员。原来，保管处的员工基本上就是工程甲方或乙方信任的员工，交给他们的产品宣传材料很有可能会交到经理的手中，不会造成信息浪费。

还有一次，马超想拜访一个大客户，但好几次都吃了闭门羹。大家都觉得这个客户不好做，没什么希望，可马超在无意间得知了客户的生日，在生日当天特意给客户送去了一个生肖玉器，让客户非常感动，再后来也就把单子拿下来了。马超有一个本子，专门记录客户的姓名、电话、地址等信息，没用多久，他的本子里就已经有了上万条的客户记录，这就意味着有了上万个潜在客户！

大多数生意都不是只跑一次就能成功的，必须不断地与客户联络，增进感情，让对方感受到诚意。这里的工作量可想而知，绿灯行的淄博营销团队就是靠着专业与细心在淄博站稳了脚跟。

绿灯行威海办事处成立于2007年4月，他们的平均年龄只有25岁，是一支年轻而富有朝气的团队，这个团队的“带头大哥”叫张继营。

刚到威海，张继营就带着员工做了详尽的市场调查。威海线缆市场对当地的一些电缆品牌更为认可，而另一些南方的品牌则在价格方面占优，绿灯行要想在竞争中脱颖而出，就必须要在质量和服务优势上做文章。

确定了方向之后，张继营向总部请示，打算在《威海晚报》上连续进行一个月的广告轰炸，目的是打响品牌知名度。这一建议很快得到了批准，为了达到最好的广告效果，张继营与报社人员多次交涉，争取到了最好的广告位。更让人意想不到的是，由于张继营的认真负责，晚报记者竟会主动找上门来采访，这相当于又为产品做了一次免费的宣传。

一般的销售人员都会把主要精力放在已经有合作意向的客户身上，张继营倒有点反其道而行之的味道，他把这称作“留住转身要走的顾客”。每逢遇到这样的顾客，张继营总会迎上前去挽留：“您觉得我们的产品和服务还需要哪些改进？”这样就可以知道自己的优点和不足，而顾客也会感受到重视和诚意，从而重新考虑自己的选择。威海营销团队的第一单，就来自于这样的“转身要走的客户”。

真正让绿灯行在威海打开市场的，还是这些员工认真和负责的态度。有一次，威海国际文化交流中心要了几十米的线进行试用，但要求送货上门。按照一般情况，这种小额订单是不会送的，但为了赢得客户，张继营答应了下来。为了节省费用，他们选择坐公交车把线送到对方工地。巧合的是，当天项目经理正在工地上面对着十几箱的货物发愁，不知如何将那些货运到办公地点。

张继营见状二话不说，主动帮忙运送。只卖出几十米的线，不光送货上门，还帮忙当了回搬运工，这样的工作态度终于打动了客户。一周后，威海国际文化交流中心打来电话：续单！这回要的可不是几十米了，而是十几万米！

还有一次，威海大雨倾盆，以至于惊动了《威海晚报》做了长篇报道。可就是在这样的恶劣天气环境下，为了履行对客户的承诺，绿灯行威海营销团队仍然按时将货物送抵客户处。

诚信待客户，承诺不打折，绿灯行在威海闯出了名号。

济南是李月震的大本营，虽说老客户多，但并不意味着工作就会好做。济南营销团队同样也是个年轻的队伍，平均年龄只有29岁，由伍付森带队。

伍付森有句名言："每一个顾客的背后都会有137个潜在客户。"我们并不知道他的这一数据是怎么得来的，不过也不难从中得知济南市场的重点与难点。重点在于维持好与老客户的关系，并发掘老客户身后的潜在市场。但难点同样也在这里，济南市场经营日久，要想成功地把"潜在"二字去掉谈何容易。

为了维持与老客户的关系，他们会在送货前打电话询问是否需要帮忙捎其他东西，还会经常打电话、发短信联络感情；拓展新客户的时候，他们会根据客户的喜好去学习股票、电脑、体育等知识，以期有更多的共同话题。

通过两年的努力，济南营销团队的业绩从2007年的内部销售排名第六位，上升至2009年的第一位，并且在很长的一段时间内稳居第一。

烟台市场是一块难啃的硬骨头，最初一年的销售额仅有二三十万元，扭转局面的重任落到了姜桂华身上。

姜桂华军人出身，以前并没有任何的销售经验，刚开始做业务真是觉得无从下手。凭借着军人不服输、踏实肯干的作风，进入烟台仅两个月的时间，他的团队就积累了十几万字的各类资料，为今后的工作打下了坚实的基础。

他的团队每天一开会，每周一分析，半月一评比，月底搞总结，甚至连饭前饭后都不忘谈一谈工作。产品卖掉了还不算完，还要回访客户了解使用效果，如有问题及时解决，打消客户的后顾之忧。

功夫不负有心人，半年后，烟台办事处的电话频频响起，经常有客户主动订货，并且还会介绍其他的客户过来。由此，烟台的销售额迅速翻了十倍，突破200万元，并以每个月近30万元的速度保持增长。

除了这些公司直属的营销团队，李月震还有一批与其长期合作，互信共赢的经销商。济南的赵东方、莘县的邹祥臣就是这其中的代表。

赵东方是在技术监督局认识李月震的。当时，李月震的厂房刚建成不久，正忙着将产品送检。而赵东方的销售公司那时已初具规模，也正在市场上寻找优秀的产品，以期让公司更上一个台阶，他回忆道："市场需求的还是好产品。当时市场上在卖的大都是河北市场的电线电缆，市场很乱，产品质量不合格，还有很多假货。我当时也是多方打听，寻找好产品。"

类似的经营理念让两人一见如故，聊得甚为投机。李月震要做好产品，赵东方在找好产品，两人一拍即合，当即建立了长期的合作关系。

不得不佩服赵东方。当时绿灯行刚刚建厂，也没有知名度，能相中这匹"千里马"，没有一些眼光与魄力那是不行的。而李月震能取得赵东方的信任，靠的是对质量的追求，赵东方说："我们想要做大做好自己的事业就要选择好产品，选择好的合作伙伴。咱们厂的产品质量都是层层把关，我们绝对信得过，特别是我们销售的时候感到放心、踏实。客户使用时出现的问题很少，几乎没有，质量方面我们从来不用担心。"

莘县邹祥臣的故事则更有些传奇色彩，他也是绿灯行发展早期阶段为数不多的县级代理商之一。邹祥臣曾在绿灯行山东代理商年会上回顾过自己的经历："我原来在一家企业工作，由于工厂效益不好，面临倒闭。2003 年，我辞去了工作准备自己做生意，当时我们县也有很多家五金电料门市，但他们都如出一辙，销售的都是杂牌劣质产品，想买点高质量电线电缆还真难。于是我就想开一家高质量、品牌好的电线电缆专卖店，由于莘县是聊城地区最穷的县，根本没有像样的企业和大的建设项目，想推出高质量高价格的商品，能否成功还是个未知数，家人和朋友都劝我三思，当时我犹豫了。但我思考了几天之后仍然感觉自己的想法没错，最后决定还是要闯一下。于是我找到绿灯行的李总，把这个想法和他谈了，李总对我这种面对压力而敢闯敢拼的精神给予了充分肯定，鼓励我说，你看哪一家大公司不是靠长期经营高质量产品做大做强的，你这个想法很好，坚持做下去肯定能成为你县电线电缆销售行业的老大。李总的这些话更坚定了我的信心，就这样我选择了绿灯行。”

当时在莘县很少有人知道“绿灯行”这个品牌，因为质量好，所以价格相应就要高一些，当地又有许多生产劣质电线电缆的小厂冲击市场，这给邹祥臣的销售带来了很大的难度。特别是因为离绿灯行厂区实在是太近，甚至有人拿着出厂价来找邹祥臣，问能不能以这个价格供货。甚至有一次，邹祥臣卖了 4 万多元的货，只赚了 800 元钱，利润率还不到 2%。

李月震得知情况后，立即组织会议，本着必须对经销商负责的态度，制定了限价销售和跨区域发货的管理制度，而且要求公司只能对经销商报价，这样就很好地维护了经销商的利益。

莘县经济不发达，很多人买东西首先看价格，货比三家，哪家便宜买哪家的货，质量远远没有便宜重要。可邹祥臣硬是用自己的真诚，让客户理解和认同绿灯行的价格与质量，一步步软化了客户心中坚硬的价格观。

如今在莘县，一谈到买高质量电线电缆，客户首先想到的就是邹祥臣——绿灯行电缆！莘县大部分工业、企业、建筑还有电力工程都指定使用绿灯行产品，甚至有些个体老板，觉得到邹祥臣那里买东西上档次，弄得他门店跟前大部分时间连个停车位都没有。

虽然说邹祥臣是“近水楼台先得月”，但能取得成功，最主要的还是有着同李月震一般做大做强的梦想。

如今，邹祥臣从原先只有几十平米的小店发展成拥有 300 多平米营业面积的两家大店，营业额更是以数十倍的速度飞速增长！

所谓“物以类聚，人以群分”，正是凭借着这些精兵强将，绿灯行不断拓展着山东的市场份额，渐渐地成为了山东第一电缆品牌。

李月震还在《绿灯行电缆报》上开设了“销售龙虎榜”的专栏，专门用来激励和表彰这些“战斗”在第一线的销售精英们。

第三节　四五计划

2009 年 10 月 8 日，聊城市的大街小巷人山人海。

这一天，全国第十一届运动会的圣火在聊城传递。

经过火炬 23 棒的传递，象征“国泰民安”的圣火来到了李月震手中。他身着红色的全运会 T 恤衫，高举圣火奔跑着。这些年来，李月震一直在奔跑，从李丙东村跑到济南，再从济南跑回李丙东村，又从李丙东村再出发，跑向山东各地。

就在李月震接过火炬的那一刻，道路两旁响起响亮而整齐的助威声：“绿灯行天下，天下绿灯行！祝福祖国，共享全运！全运加油！聊城加油！”这是前来观看圣火传递的绿灯行员工们发出的声音，他们早上四点多起床，六点半从厂区出发赶到聊城，清一色的迷彩服为这次的圣火传递活动增添了别样的风采。

这短短 50 米的路程，说长不长，说短也不短。为了走上这个舞台，李月震历经风雨，从 80 年代末初次创业开时装店算起，已足足过了 20 年时间，哪怕只从他涉足电缆行业开始计算，也已过去了十五载光阴。

“县劳动模范”、“优秀青年企业家”、“市人大代表”，这些是李月震的个人荣誉，是他的勋章，也是“绿灯行”赢得社会认可的体现。

这些年，在李月震的精心耕耘下，“绿灯行”的发展可谓是一刻不停，他几乎把所有的利润都投入到了厂区的建设中，只要有些盈余，就要上马新项目。

2003 年，500V 铜铝芯电线正式投产；

2004年，低压电缆、控制电缆正式投产；

2005年，PVC颗粒制造铜杆拉丝、深加工项目正式投产；

2006年，橡套电缆项目正式投产；

2007年，35kV高压交联项目正式投产；

2008年，特种电缆正式投产。

2009年5月，建筑面积2800平方米的绿灯行接待中心投入使用。一楼是产品展示大厅，向客户展示着绿灯行电线电缆的生产工艺和原材料供应商，以及全部绿灯行系列产品的样品，同时这里也是山东省内最大的电线电缆产品展示大厅。

2009年10月26日，集餐饮、住宿、娱乐、健身、休闲于一体的四星级标准的培训中心开业，承担厂区接待任务，解决了客户参观考察时无处住宿的问题。同时，这个培训中心还承担着员工培训的任务，公司会不时请来一些专家到厂里给员工进行培训，提高员工素质，为以后的发展打好基础。

而就在李月震参加火炬传递活动的前一个月，绿灯行的首批铜杆生产出炉，解决了外购原料环节，延长了生产链，节约了生产成本，形成了完整的一条龙生产体系。

参加这次圣火传递活动，李月震感到心潮澎湃。从当初建厂时只有一个车间，几十号人马，到现在拥有四个生产车间、一个接待中心和一个培训中心，生产设备几乎全部都更换为国内最先进水平，生产品种几乎涵盖了电缆市场常见的所有型号和规格。

这50米不是终点，而是另一个起点。

2009年的最后一天，李月震召开了“营销精英论坛大会”，他在会上说：“我厂在过去几年中取得了很大的成就，但并不能因此而自满，我们要站得更高，看得更远，目标要定得更大。我们深知企业只有不断前进才能立足于电缆行业前列。我相信只要有目标、有耐心、有时间、有智慧、有团队，目标就一定能够实现。之前人们认为登月是不可及的事情，现在不也实现了吗？中国共产党从成立到解放全中国不也仅用了28年的时间吗？我相信随着绿灯行品牌在全国范围内的逐步打响，我们的伟大目标也会逐步实现。”

站的更高，看得更远，李月震高屋建瓴，他勉励同仁，不能因为目前小小的成绩而停下前进的脚步。企业的发展不可谓不迅速，从破土动工建厂到现在的产品涵盖电缆市场常见的所有型号和规格，仅仅用了七年时间。李月震生怕大家因为这样的迅猛发展而失去了创业的激情，会在“七年之痒”的功劳簿上沾沾自喜。

商场拼杀如同逆水行舟，不进则退，如果停下脚步，用不了多久就会被他人赶超，何况李月震觉得自己的路才刚刚开始，他要用更远大的前景唤起大家二次创业的激情。

在这不久前，李月震刚刚去全运会圣火的出发地——北京走了一遭。

这不是李月震第一次去北京了，当年他还是经销商的时候就曾去北京考察过市场，那时候就已经有了进军北京的打算。北京是李月震心中的一个情结，是心中的一个梦，只有到了北京，绿灯行才能算是一个全国性的品牌，所以他一直憋着这股劲，要到北京与来自全国各地的厂商同台较量一番。这些年里，他不断提高产品质量，不断扩大产品线，都是为了能够圆这个梦。

当年是因为济南市场竞争激烈，他才想着往外走，想寻找一片“蓝海”，现在绿灯行已经拿下了山东各地级市的市场，这让李月震有了直面竞争与挑战的底气，相信自己能越战越勇！

然而这次北京之行却给李月震再次浇了一盆冷水，他原以为自己应该能在北京站稳脚跟，但是这些年他在发展，别人也同样在发展，竞争的激烈程度比当年有过之而无不及。能在北京站稳脚跟的厂商，哪家不是各区域的领军企业？在山东，也许绿灯行足够笑傲一方，可要放在北京，恐怕目前难以支撑。就算勉强开一个北京办事处，但没有后续的资金、人才的进一步跟进，也只不过是聊胜于无罢了。

从北京回到济南，李月震觉得有些烦闷，便找了几个老朋友出来喝点小酒，吃些烤肉。这些老朋友其实也都是经销商，以前就常常在工作之余和李月震吃饭聊天。李月震把工作和生活分得很清楚，通常不会在大家喝酒的时候提起工作的事，不过这一回他实在有些郁闷了。

“这次我去北京看了一下，咱们发展算是快的了，可到了北京一比，还是比别人差很多。”仅仅三两口，李月震一杯酒就下肚了。

抱怨归抱怨，但大家都知道李月震的脾气，知道他尽管嘴上这么说，心里却一定是在琢磨着办法呢。于是大家也不多劝，只是说一些近日的趣事，酒过三巡，尽兴而归。

和老朋友们吃喝完，李月震的心情稍稍轻松了一些。北京之行让李月震意识到了差距，但这并不会让他气馁，相反，越大的挑战才越能激发他迎难而上的斗志！

当晚，他特意让司机绕了段路，到自己当初在济南开的第一家店去看了看。那家店早已转让了出去，如今也不再经营线缆生意了。他让司机停车，自己望着那店面发呆，他仿佛看见了当年的情景，那个20岁出头的年轻小伙子，成天在店里忙前忙后。时间过得真快，过完这个年，自己就是40岁的人了，谁能料到，当年就凭借这么一家门店，慢慢能发展成今天这样的大厂！

“星星之火，可以燎原”，李月震默念着毛主席的话，心里有了打算，他要点起更多的星星之火，让绿灯行遍布整个山东！

回家的路上，李月震想起了不少往事。自己能有今天，少不了这些老朋友、经销商的全力帮衬，想当初多少困难都坚持了下来，只要大家齐心协力，还有什么事干不成呢？这么多年大家各自忙业务，都在山东各地不停奔忙，自己能经常见到的也就是济南这几个人，也是时候该把大家召集到一起叙叙旧，好好聊一下将来的打算了。

“营销精英论坛大会”就是在这样的背景下召开的，李月震事先认真做了一番准备，光是那发言稿就反复修改了几次，他要提振信心，凝聚共识，让所有人都跟他一样，迎难而上，为进军北京做好准备！

“有了现在的基础和明确的目标，我们就不再是没有方向的船。团结就是力量，众所周知，如果在荒野中仅有一匹狼，即使它跑得再快，再凶狠，也很难猎取到食物，但是它通过狼群的力量，就轻而易举地猎取到比自己身体大几倍的猎物。狼且如此，更何况我们高智商的人呢！我们只有团结一致、立场统一、观点一致、角色合适、目标明确、凝聚共同的价值观，形成求大同、存小异的厂商联合体，才能使我们共同到达成功的彼岸。”

李月震所说的“狼群”，指的就是经销商。他知道，放在全国市场，绿灯行要面对的是一些“比自己身体大几倍的猎物”，硬拼是肯定不行的，只有发挥集体的力量，努力拓展点滴的市场份额，才能积少成多，才有立足之地。

经过这些年的努力，绿灯行电缆已经在山东各地级市有了一定的知名度。但地级市下面的县级城市还没有触及。每个地级市下属十来个县，虽然单个县的销量肯定无法与市一级市场相比，但加起来也是个不小的数字。另外，如果能把货铺到县一级城市，那几百上千个门店，不也是绿灯行的活广告吗？这就是李月震想要的星星之火，他希望通过大家共同的努力，让这些星星之火燃遍整个山东，就像圣火传递那样，一直传到北京去！

但这要做起来并不是那么简单的。直到2009年，绿灯行的销售任务主要还是靠公司直属的各地市营销团队来完成。虽然也有一些合作多年的经销商，但其所占比重并不算大。毕竟整个山东也只有19个地级市，开设19个办事处即可。但要挑战县级营销，光靠厂里的人力就无法兼顾了，这就更离不开各地经销商的支持。

因此，李月震对经销商说："你们是绿灯行的功臣。在绿灯行品牌建立的过程中，你们曾立下了汗马功劳，没有你们的努力与付出就没有绿灯行的今天。在绿灯行即将达到成功与辉煌的时候，你们要继续发扬奋力拼搏的精神，再接再厉，为明天的辉煌作出更大的努力。同时你们也要毫不客气地来分享成功的胜利与喜悦，因为这是你们应该分享的，因为这是你们付出所得到的回报。"

在会上，李月震表彰了优秀经销商，拔得头筹的是前文提到的来自济南的伍付森，他从李月震手中领走了125100元奖金，其他优秀经销商也领走了多则十几万元少则两三万元的奖金。这笔钱，李月震花得痛快，重奖之下必有勇夫，各路营销精英摩拳擦掌，期待着来年大干一场!

只是李月震的心头还有一丝阴霾，这些年，随着绿灯行品牌市场号召力的不断提高，仍然有些人为了贪图一时之利，违背了诚信的原则，给绿灯行的声誉带来了不好的影响。

2004年，泰安某销售公司私自伪造YJV4×95+1电缆，货到工地后被人举报到侦查大队。

2006年，德州某公司同时由两个销售商供货，其中有一个销售商想在其中谋得暴利，私自伪造一部分假电线，用户电工经过与正品对比，发现明显差别，导致6万元货款未要回，还丢失了客户。

2008年，泰安某销售公司为与其他厂家竞争，以绿灯行牌争取下来合作，为牟取暴利，以中低端的其他品牌产品供货，让人举报到工商局，将货物封样送检。结果工商局按三倍货值罚款，最后损失 25 万元。

2009 年，青岛某销售公司伪造了一批绿灯行牌产品，价值约 10 万元，用户向厂家询问线体标识情况与护套、绝缘性能时，发现与收到的货物相差太大。

这些事让李月震痛心疾首。品牌做大了，免不了被人造假，为保护绿灯行品牌，李月震与律师事务所签订了委托打假合同，规定“打假所得利益全归打假方所有；厂方不得干涉打假行动，一句讲情的话都不能替造假方说，如有违约，应赔偿打假费用 20 万元；厂方不得给造假行为者提供任何厂方合法手续和手段，如被举报，罚款 10 万元，纳入效益奖”。

这就是希望能够杜绝因人情关系造成的打假处理难的问题，从而更有效地打击造假行为，做到打假无私可徇，无路可退，一打到底。签订这样的协议，就是让打假方以“打假盈利为目的”，造成厂领导想插手也无从下手，想讲情也不敢讲情的局面。

然而，令李月震意不想看到的事情还是发生了。要是外人造假也就罢了，自然有律师前去处理。让李月震真正痛心的是，一些“自己人”也不珍惜大家辛辛苦苦赚来的声誉。

虽然李月震严厉制裁了这些造假贩假的销售公司，取消了他们的代理资格，但李月震还是担心一些人不能吸取教训，一时利欲熏心而犯错。如果今后再次发生类似事件，那就会给绿灯行进军全国市场的目标带来极其严重的影响。

他语重心长地对“曾经优秀的销售商们”说：“不要再盲目地走下去了，迷途知返吧，难道你们没看到绿灯行今天的成就，难道你们没预感到绿灯行的明天会怎样吗？在此，我代表绿灯行全体员工再一次诚心邀请你融入到高速发展的绿灯行团队来，否则一时的犹豫，将再也无法追赶上由现代营销管理所辅助的具有强劲动力的精英团队。你用今天几分的努力，必将赢取未来绿灯行的百倍回报。”

李月震仍然不忍心因为一两次的错误就放弃曾经的伙伴，他希望他们能迷途知返，一起共患难，今后还要同享福。

2009年，绿灯行销售额破亿，可谓是企业发展史上一个标志性的年份。李月震意识到，即将到来的2010年是绿灯行实行品牌提升，产与销共同创新突破，做精做强的关键时刻，绿灯行面临的形势和任务仍然极具挑战。

外部环境市场的竞争仍在加剧，竞争的层次仍在升级。绿灯行必须通过不断完善生产机制，进行新一轮的管理创新、技术创新和生产创新，必须快速制订适应新市场机遇发展的策略，提升管理能力和执行能力，才能确保市场份额持续提高。要做到这一切，就要在最大范围、最大程度内提高市场服务意识，就要全心全意地支持各地经销商的终端销售网络的建设工作，从而给厂商双方带来真正的长远利益，实现共赢。

会议结束的那天晚上，大家在接待中心后面的空地上摆上了一排的烧烤架，旁边的舞台上，绿灯行人载歌载舞，好不热闹。李月震穿梭其间，从这桌到那桌，时不时地调侃一下大家的烧烤手艺。

“李总！快来尝尝我这刚烤得羊肉串！”

李月震吃完，赞不绝口，不料却被将了一军。

“李总，我这羊肉串可是祖传秘方、独门手艺，你觉得值不值这个数？”那个经销商一边说着，一边伸手比画了一下。

“十块？”

“一百！”

“别说一百，只要你把下面那几个县的市场拿下来，这羊肉串就算是一千块钱我都买！明年，还这块地方，你烤几串我买几串！”

“营销精英论坛大会”就在这觥筹交错间，带着羊肉串的香气圆满地落下了帷幕。几天后，李月震就提出了要挑战中国电缆行业第一的四个五年计划。

第一个五年：在全国34个省级城市、333个地级城市建立起公司直辖的高标准4S形象店，在全国2861个县级城市建立起代理性的营销网络，市场部与项目部全力跟进，不留任何销售空白区域；

第二个五年：进一步规范和调整全国4S形象店和营销网络，加强市场部攻坚力度，在全国范围内重点实施国家级重点项目服务，奠定“绿灯行”品牌在全国电缆行业的绝对优势地位；

第三个五年：陆续把低压电器、变压器等有关产品纳入生产经营范围之内；

第四个五年：从事科技研发项目，达到产品创新、技术领先，挑战中国电缆行业第一的位置。

这样的“四五计划”让人心潮澎湃！这也是李月震第一次把自己要做“中国电缆行业第一”的雄心公之于众。之前七年的奋斗给了他这样的信心，让他不必再将梦想压抑在心中，而是敢于让自己的梦想成为大家共同的梦想。他同样有信心，能在不久的将来带着大家实现这个梦想！

梦有多远，路就能走多远！

第八章　固　守

第一节　有朋自远方来

2010年4月16日清晨，333省道上奔驰着一辆大巴车。车上的人来自威海、菏泽，他们都是做电线电缆生意的同行。这次他们是应李月震之邀，前往绿灯行电缆厂参观。

行到半途，大巴车拐进了一条荒无人烟的小路，车上顿时有了议论之声。

“师傅，这是去哪儿啊？”车上的人本就心中忐忑，虽然知道李月震有个电缆厂，品牌也做过广告，但实际情况究竟如何，谁都不清楚。

“这路上一个人都没有，你们是要把我们带到哪里去？”

“放我们下车！”有人敲起了车窗，大有要破窗而逃之势。

这一幕让绿灯行的工作人员始料不及，费尽口舌但终归口说无凭。此地确实偏僻，路又不好走，车上的人恐怕这辈子也是头一次来，难免心生疑虑。

车速渐渐慢了下来，调头，绕路，直到路两旁渐渐出现了人家，车里的喧闹才渐渐平息。

兜了个大圈，大巴车总算开到了李丙东村绿灯行厂区的门口。只见彩球高悬，彩虹门高高耸立，一片花团锦簇。绿灯行厂区占地1000亩，有4个生产车间，工人们在流水线上井然有序地进行作业，各种规格与型号的电缆一应俱全。

宽敞的产品展示大厅、井然有序的生产厂区、干净舒适的接待中心，走一圈下来，已经有人感叹：“真是个世外桃源啊！没想到这偏远的小村庄还有这么大的现代化企业！来的路上还以为受骗了，来了之后感觉真有点儿不可思议，展厅很漂亮，接待中心很豪华，一看就知道是正规的规模化现代企业。”

这一切都在李月震的意料之中，他相信，只要把人请来了，眼见为实，就可打消客户们的顾虑。这些年他不断地增加新的产品线，也是为了迅速占领零售市场。电缆行业能把生意做大的不是没有，但能把产品做全的却很少。李月震以前自己做经销商的时候，常常是不同的产品要到不同的厂家去进货，很是麻烦。现在绿灯行的产品几乎涵盖了线缆市场上常用的各种格和型号，对经销商的吸引力自然不言而喻。

当天晚上举行了盛大的文艺晚宴，绿灯行团队的演员们献上了精彩的演出。而到了四星级标准接待中心的时候，这些来自威海、菏泽的经销商更是无话可说，这种气派与规模显然是大企业的手笔，那些原先还有疑虑的经销商甚至都觉得有点儿惭愧了。

第二天，绿灯行的高层亲自出马，在培训中心给这些经销商讲解了优劣电缆的区分方法以及绿灯行的品牌与质量优势。李月震也陪同经销商到车间参观，为他们介绍绿灯行近几年的发展情况。到了中午吃饭的时候，已经有人在问：“绿灯行的质量绝对没问题，社会信誉度也高，我们现在就是急着想知道，这进货价格是多少？什么时候能签合同？”

李月震笑而不语，现在到了他挑选经销商的时候了。先不着急，先把客人接待好了再说，李月震带着他们到聊城、景阳冈转了一圈，临行还送上了精美礼品，让大家尽兴而归。

李月震是“不怕你吃，不怕你喝，就怕你不来”，这次总共来了 79 家经销商，其中的 56 家最终与绿灯行签下了经销合同。

李月震诚邀各地意向经销商亲临绿灯行工矿区参观洽谈的举措再次开创了先河。通常来说，业内都是由厂家业务代表在各地“跑业务”，李月震提出要把经销商请进来的时候，甚至有些员工都不理解为什么要这样做。但李月震仍然坚持他的主张，他希望更多的人可以了解和接触百米包装的国标电缆。看着行业内的恶性竞争不断加剧，这样的想法愈发强烈，甚至有些欲罢不能：“为什么不能带他们来参观一下我们的厂区，检验一下我们的原材料，了解一下我们的生产工艺？”

李月震最终决定，就算没有商业效果也要做！没想到，这一做就做成了传统，此后每年都有超过4500人次的意向经销客户来到绿灯行工矿区参观洽谈，真可谓是“有朋自远方来，不亦乐乎”！

就是凭着这样的真心实意，李月震的县级招商计划硕果累累！

当年7月，李月震如法炮制，分两次请来了济南、泰安、东营、临沂四地的100多位经销商，并最终签订了30多份经销合同。

当年9月、10月，李月震又分三次请来了聊城、德州、枣庄、潍坊、滨州、济宁、烟台七个地区的300多位经销商，并签订50多份经销合同。

至此，整个山东只剩下28个县级地区没有绿灯行的代理商了。当年10月底至11月，李月震对这些“硬骨头”发起总攻，成立了四个行动小组主动出击，对余下县级市进行最后的攻坚。

行动小组出发前，李月震言简意赅地说道：“我们在山东就剩下这些县的市场没有拿下了，现在看你们的了！”

没料到，当招商人员已经充分做好遭遇冷眼的思想准备时，却发现自己捏到了“软柿子”，对方一听是绿灯行的招商人员，纷纷热情地过来握手，夸赞绿灯行是个好品牌，质量好、敢于承诺，有一部分心急的代理商甚至没等招商人员介绍完就连忙签下了订货合同。本来预计起码要一周时间才能完成的招商工作，现在只花了不到五天就圆满结束，四个工作组带着优异战果回到了公司。

原来这剩下的经销商纯属意外，有的是因为邀请函在邮寄途中丢失而没能参加招商会，还有的是招商会那天恰好没空，无法前往，这才给人留下了“硬骨头”的错觉。经过此前的铺垫，绿灯行已经建立起了良好的口碑，就在这些县里有实力的经销商都还在着急想与绿灯行取得联系的时候，绿灯行的工作人员就主动找上门来了，这效果能不好吗？

历时8个月，耗资360万元，接待客户1960人次，李月震分7次完成了山东139个市、县的招商工作，顺利迈出了“第一个五年计划”的第一步。

然而，县级代理商对2010年的企业销售业绩却并无多少贡献，好在李月震早就预料到了这一局面，早已备好了应对之策。

第二节　三军出击

早在2010年年初，李月震就定下了海、陆、空“三军”联合作战的营销方略。

海军，对应的部门是市场部。他们做起营销具有排山倒海之势，像水一样无孔不入、无坚不摧。作战原则是在同一地理区域内采取区域内无缝拓展，进行精耕细作，把根据地市场做大、做强、做深、做透，成为绿灯行将来进一步拓展市场的基础和后盾。在根据地市场占有率形成绝对优势和绝对稳固之后，再以此为基地向周边邻近地区滚动推进、渗透，最后形成星火燎原之势。

陆军，对应的部门是业务部。他们步步为营，由点及面，铺设绿灯行产品高标准销售网点，构建高效营销网络。他们的主要战略是在拓展目标市场时采用到处结网、遍地开花的模式，向各个市场同时发动进攻，对各个市场同时占领。这种战略具有极大的市场拓展威力，可以在较短的时间内使绿灯行达到同时占领多个市场的目标。

空军，对应的部门是项目部。他们俯瞰市场，瞄准重点项目，集中优势兵力，重点攻关。他们负责对全国范围内国家级重点工程项目进行攻关，推广绿灯行品牌产品，在服务国家级重点工程项目的过程中，进一步提升企业核心竞争力与品牌美誉度。

海军防守、陆军进攻，陆军攻下来的“城池”继续交给“海军”经营，之后再向新的目标挺进，而空军则负责精确“打击”重点目标。

为了贯彻这一战略，为了给“三军”补充兵员，李月震在2011年

1月成立了“军校”——绿灯行大学，旨在为公司的发展提供人才保障。

绿灯行大学有自己的“番号”，根据入选时间为顺序，编为一连、二连、三连……到2013年，绿灯行大学已经培养出了九批学员。学员从招聘人员及绿灯行员工中选拔，课程内容以军训和培训为支架，融合先进的营销理念与绿灯行发展过程中总结的大量生产、销售、管理实践经验，课程设置紧张而又充实。

李月震要求从绿灯行大学毕业的学员，都要有毅力、有信心。有些工作需要背着包到县里、镇里去，他怕年轻人吃不了苦，同时也担心如果信心不足，他们与人打起交道来不免矮上三分。他们与客户交流起来要做到不卑不亢，低三下四是李月震不允许的。

为了挑选出有毅力、有信心的人才，绿灯行大学实行淘汰制教学，态度不积极、表现不够好的学员会被淘汰出校。绿灯行大学的教官甚至会在半夜让学员们紧急集合，或者要求一天内必须整理好多少文字的材料。这些任务看似有些夸张，甚至是不可能完成的，但就是通过这样的方法来考验学员的毅力与信心。参训学员中能拿到毕业证的比例通常都不会超过70%。

这样培训出来的学员，素质可想而知，有些很快就让其他企业挖走了，薪水直接翻番。还有个别的学员因为结婚或是其他家庭原因不得不告别，但是更多的人留了下来。如今绿灯行大学一连、二连、三连出来的这些早期学员，都已经成为管理岗位上的中坚力量。

绿灯行大学就是用这样科学严谨的培训方式造就了一批能征善战的销售精英，给“海陆空三军”的快速发展提供了强有力的保障，为绿灯行宏伟战略目标的实现奠定了扎实的基础。

绿灯行大学如今已经成为绿灯行企业文化的重要组成部分，源源不断地为企业发展提供经验汇总与新人培训，正是在不断的总结和传授中，企业得以健康、有效地快速发展。

“海陆空三军”作战的营销战略和绿灯行大学，就是李月震为扩张渠道所做的准备。

县级城市的销售遇到难题是在李月震的预料之中的，县级城市的规模小，基础也不牢靠，销量上不去也很正常，但李月震却有办法改变这一状况。他一方面利用培训中心请来营销专家，组织代理商进行业务学习，提高销售技巧；另一方面，他苦心经营的“军队”也该出动了。

绿灯行大学刚培训出一批学员，李月震就以此为基础，组建了大客户中心和经销商帮扶团队。这两个团队的选拔更为严苛，李月震要求这两支队伍的人必须能文能武，多才多艺，思想坚定明确，经得住艰难困苦的磨练，有强烈的集体主义感和无私的奉献精神，这真是优中选优。

经过十五天的淘汰式强化训练，这批学员的合格率仅为10%。此后又经过了半年的“实战演习”，团队成员终于大致确定了下来。

强中自有强中手，今天的残酷预示着明天的成功。经销商帮扶团队即是绿灯行“陆军”的先锋。当他们训练完毕，李月震就将他们投入到销售遇到困难的县级区域，对经销商进行重点扶持。其他厂商哪里见过这种“打法”，很快溃不成军，绿灯行的县级销售额飞速上涨，直至占据了公司整体销售额的半壁江山。

“攻克山东”过程中积累下来的宝贵经验，也为李月震日后的“开疆拓土”奠定了坚实的基础。

除了渠道建设，李月震第一个五年计划中的另一个重要目标是“建起公司直辖的高标准的4S形象店”。李月震在济南销售电缆时就很注意门店形象，对此进行了不少创新，并取得了很好的效果，这样的优良传统当然要发扬光大。

2010年七八间，绿灯行在烟台、滨州、潍坊、淄博、东营、济南等地的4S形象店装修完毕，陆续投入使用。以金色为底色的的外部店面牌匾上面，镶着绿色的“绿灯行电缆”五个大字及相应企业Logo。室内天花板被涂装成迷彩色，擦鞋机、冰柜、液晶电视、线缆样品摆放架以及标配的吧台一应俱全，两侧的墙上还镶着“绿灯行”的质量资质证书，这一切整齐有序，豪华气派。

4S店本是汽车行业的标配，原是指销售（Sale）、零配件（Sparepart）、售后服务（Service）与信息反馈（Survey），4S店有利于提升企业品牌知名度、树立良好的企业形象，满足用户的各种需求，让用户对品牌产生信赖，从而扩大销量。如今李月震却将这个“他山之玉”移植到了电缆行业。

2010年，除了打造4S形象店之外，李月震还投资成立了中大矿用电缆有限公司。中大矿缆位于阳谷祥光千亿工业园，占地205亩，拥有两个车间、一幢办公楼、一幢生活楼。其中两个生产车间占地3万多平方米，拥有价值1.2亿元的8个炼胶机、4个矿缆机等18条生产线。厂区于2010年4月开始施工，预计年产值可达10亿元。李月震瞄准了矿用电缆市场，他要打造中国最大的矿用电缆生产基地。

2010年是辉煌的一年，到了年终总结的时候，绿灯行的销量已经突破了2亿元大关，创下了365天无客户投诉的记录。更重要的是，绿灯行四个五年计划中的第一个五年计划在2010年迈出了坚实的第一步——在山东省139个市、县级城市设置了同一形象的销售网点，站稳了山东市场。

2012年12月30日，李月震在济南召开了“山东代理商年度大会”，这次会议与去年的“营销精英论坛大会”已是不可同日而语了。人更多了！钱更多了！精神更饱满了！与会代表踏着红毯步入会场，两旁的绿灯行工作人员列队欢迎。各级领导到会欢迎，知名讲师现场授课，著名演员到场助兴。

李月震在会上说：“今天，对于我们绿灯行电缆以及全省各地经销商来说，是一个不平凡的，具有划时代意义的日子。今天我们大家欢聚一堂，共商大计，共谋发展，就是为了共同努力，把绿灯行的事业推到一个新的历史发展时期，走向更大的成功！”

诚然，如他所言，这确实是个“具有划时代意义的日子”。这一年的时间里，绿灯行的发展另人瞠目结舌，而这次年会更是标志着绿灯行成为具有省级影响力的知名企业！然而在走向“更大成功”的时刻，李月震却在居安思危。

就在开会的前一夜，平时一向倒头便睡的李月震却辗转反侧，难以入眠。在展望成功的同时，他首先想到的却是沉甸甸的责任。

李月震想起了李丙东村的乡里乡亲，是他们给了“二小”关怀与帮助，见证了他从一个调皮捣蛋的少年成长为有责任有担当的民营企业家。厂房建设占用了乡亲们大批的耕地，如果企业做不好就无法实现占地补贴，乡亲们将失去生活来源，他也会无颜面对家乡父老。绿灯行的发展不仅仅关系到他的个人荣辱，更是关系到一方百姓的幸福安康。

李月震想起了当年与他艰苦创业的企业元老，那些人在他最困难的时候给了他最坚定的支持，每月拿着微薄的薪水却没有离开，始终相信他能带领大家过上好日子。如今企业发展了，员工工资也提高了，但那份恩情仍是难以为报。

李月震想起了那些对他百般信任的代理商，如果不是他们在绿灯行尚在襁褓中时就细心呵护，坚信绿灯行一定能茁壮成长，绿灯行又怎会有今日的发展？绿灯行的品牌，是与代理商们共同努力创造的。这份信任，也只有用更美好的明天，更多的财富才能报答。

李月震知道，今天的成绩离不开父老乡亲、各位员工以及社会各界的支持与信任，自己必须担当起责任，来回报这些支持与信任。他的未来仍然充满挑战，所有这一切都要求他只能成功，不准失败。

这些沉甸甸的责任让李月震感到肩头沉重，但也正是这样的责任，鞭策着他一步一步走到今天。责任就是压力，压力就是动力。也许，李月震的力量正来源于此，这个来自打虎英雄武松故乡的男人，背负着“造福一方百姓”的责任感，带领企业不断向前，为的是让大家共同分享发展的果实。正是这份情怀，让李月震能够克服一切困难，不顾个人得失，为了不辜负大家的期望，艰苦不懈地努力奋斗着。

李月震的思绪回到了2002年，如果当时自己没有回乡建厂，没有选择这条路，日子会不会过得更轻松惬意一些呢？他幻想着另一种生活，一种不必如此忙碌，可以陪着老婆孩子嬉笑玩闹的生活。

“这是我想要的生活吗？”李月震问自己。

“不，并不是。”李月震突然觉得有些好笑，因为在这个夜晚之前，他从未想过这个问题，也从未对自己的选择感到后悔过，他还有太多的事情想要去做。

只是今夜，他想到的那些责任让他有些难以入眠。年少时在书中看到的那些豪杰人士，那些英雄故事一直在他心中。

有哪一个豪杰的身上没有责任呢？又有哪一位英雄是为了一己之私呢？好男儿，当如此！我不会让乡亲们失望，不会让员工们失望，不会让代理商失望！

想到这里，李月震感到释然，也许这才是自己人生的意义，这才是自己想要的生活。做大做强不是为了自己，而是“天下兴亡，匹夫有责”，那么就让绿灯行发展得更好，以此来回报社会各界的帮助和支持吧！

夜已深了，李月震默默起身，给次日的发言稿加上了关于“责任”的主题。

第三节　首战告捷

李月震用一次成功的年会告别了2010年，步入了2011年。

新年伊始，李月震充满期盼，工作日程安排满满当当——经销商帮扶团队和大客户服务中心要尽快进入工作状态；各销售网点的形象建设必须抓紧；年底时候，公司销售额要再增长一倍达到五亿元，利税要突破一千万元。

2010年的成功招商让李月震信心百倍，但是还有个地方却像根刺一般扎在他的心头——青岛。

青岛在山东是有些特殊的城市，山东的几大知名企业品牌都在青岛，而一年一度的“青岛啤酒节”更是全国皆知的城市名片。青岛给人的感觉并不那么山东，反而更像是一些南部的沿海城市。

青岛跟阳谷一样，也是个“电缆窝子”，甚至还有在当地已经经营了30多年的上市电缆企业，想在青岛杀出一片天地，太不容易了。

李月震先前在青岛的进展一直不太顺利，现在他决心在杀出山东前，一定要先拿下青岛市场。这一重任交到了刚从绿灯行大学毕业的经销商帮扶团队手里，“青岛攻略”由市场部策划执行。

当年4月，经销商帮扶团队开进青岛，刚安顿完毕就随即展开了全面的市场调研。针对青岛市场所有店面以及厂家，帮扶团队多次拜访，搜集价格等信息，并购买了数十家当地市场常见品牌主营品种的样品进行逐一检测，对其产品价格、质量、渠道、销量等要素做出了整体细致的分析。

知己知彼，方能百战不殆。根据搜集到的信息以及绿灯行在青岛市场的现状，帮扶团队制定出来一套完整的青岛市场作战方案，并准备根据实际情况及时调整修改，以应对市场变化。

5月，李月震给“前线将士”送来厚礼。5月18日，“绿灯行电缆胶东客服中心”在青岛市城阳区万兴国际建材五金城正式开业。3000余平方米的面积，80多位员工鼎力相助，客服中心集仓储与服务为一体，这相当于是为青岛战场设立了“前敌指挥部”。

同期，李月震耗资350万元，通过《半岛都市报》等平面媒体的头版，高速公路及各地市主干道大型户外广告，以及电视媒体等多种途径进行“火力覆盖”。

6月，“作战计划”制定完毕，划定范围后交由各班组进行突击，要求在40天内完成对企事业单位和在建工程的信息摸排及公关，并建立乡镇一级的“前进基地”。

以莱西、平度“战役”为例，就连晚上八点半送货返回途中，都会有“战士”向班长报告：“班长，咱们一会儿路过的那个乡镇，那里有个店面，只要他还开着门，我就去谈，今天我一定要把他拿下！”

司机也不遑多让，奔波400多公里后仍是豪言壮语：“班长，你放心！我给同事送货的时候自己的业绩也不会落下，我不会给我们班丢脸的！”

不可能变成了可能，乡镇市场很多小厂家向来以价格取胜，绿灯行的兄弟姐妹们却是以其两倍的价格在进行销售。他们觉得自己是在完成一个“解放”事业，要让“绿灯行天下，安全进万家”。他们坚信绿灯行的产品质量，并不觉得是在要求经销商卖他们的产品，而是在帮助经销商把安全的、高质量的线材产品送到各乡镇。

捷报频传！仅项目部五班就在莱西、平度两地建立起28家乡镇级分销商，其中10家分销商按照绿灯行统一标准制定了门店形象。

8月底，帮扶团队撤出，将一个健全的销售渠道交给了当地经销商手中。

青岛一役，是绿灯行大学毕业的子弟兵打的第一个大仗、硬仗！就在东线战场告捷之时，李月震再度出击，越过太行山，进军山西市场。

三天之内，来自太原、忻州、洪洞等11个地级市的100多名代理商云集阳谷，最终敲定了40多份经销合同。

把华北暂放一边，率先进入山西，这是李月震为自己矿用电缆埋下的伏笔。山西是矿业重镇，拿下山西，还怕中矿用电缆没有销路吗？

绿灯行双线开花，但人们最为期待的大动作却并未发生，海、陆、空三军销售团队并未进入北京、天津市场。除了受国际金融危机的影响，还有一个重要原因让李月震放缓了进京的步伐。

其实如果只是去北京、天津开一个绿灯行直营店的话，李月震早已有这个实力。但他还在等，他想等队伍再发展壮大些，能真正地到京城与其他“诸侯”一较高下！

李月震确实也还有些顾虑，北京市场毕竟不像山东，绿灯行在山东拓展县级市场的销售取得成功，并不意味着在北京就能成功。毕竟绿灯行早已在山东各地级市打出了知名度，而在北京，经销商能选择的品牌实在太多了，很难一眼看中在山东之外并没有多少知名度的绿灯行。

只开几家门店，就好比放一轮烟花，繁华过后很难留下些什么。

去北京就是要去打硬仗！要去轰轰烈烈地干一场！

2011年间的李月震还没有实力打这一仗，人手不够。怎么办？“招兵，扩军”！随后，李月震在济南成立项目部，招募了六七十个“新兵”，通过在山东市场的实战演习锻炼队伍，以图进京后可以全面开花。

2011年年底，李月震的“军火库”中又新添了几样武器。

10月6日，特缆车间二期工程在一片鞭炮锣鼓声中奠基动工。特缆车间二期工程占地45亩，划分为一个主体车间和东西两个侧位小车间，建筑面积达1万余平方米，预计投资2000万元。车间落成后将主要以生产精品电缆为主，采用国内外先进的生产设备，以达到年产值翻番的要求。二期工程的投产将弥补绿灯行精品电缆市场种类的欠缺，提升绿灯行在不同类型电缆市场的竞争力。

当年11月，中大矿用电缆有限公司工程全部竣工。办公楼、生活楼装修完毕投入使用，两个主体车间也投入到紧张的设备采购与安装中。

李月震觉得2011年过得非常快，好像自己昨天还在准备年会的发言，今天就又到了年终总结的时候了。公司销售额顺利翻番，年初提出的几大目标基本实现，仅有利税一项由于渠道扩张的原因，采取了低价甚至无利润销售的策略而未能实现。

拿着这样的成绩单，李月震显得意气风发，在2012年1月3日，于聊城冠县天沐温泉度假村再度召开了全省代理商年会，与大家共同分享2011年取得的成绩与喜悦，感谢大家这一年来对绿灯行的支持。

刚泡过温泉，龙年的春节转眼就到了。

李月震忙完济南的事务，风尘仆仆地回到了阳谷。他在工矿区西门的牌匾前停了下来，这东西两侧的牌匾是去年11月份刚换过的。定制的石门浑然天成，主图为二龙戏珠，栩栩如生，门上还刻有40条腾龙，与东门遥相呼应。

望着复古的牌匾，李月震又想起了北京。北京有不少这样的建筑，不过那可不是自家这两块牌匾能比得上的。紫禁城里也有很多龙的雕塑，以前那是皇家专用的，现在老百姓也可以堂堂正正地在自家门前雕上腾龙了。绿灯行能像这些龙一样，在北京呼风唤雨吗？

没能进军北京，是李月震这一年最大的也是唯一的遗憾。由于受到全球金融与经济下滑的影响，绿灯行进京的步伐被拖慢了。不过好在先头部队已经派出，绿灯行位于北京的办事处已经成立，并已经完成了对北京、河北市场的调研。相信随着对两地电缆市场情况的深入了解，能够为日后进军北京市场打下更坚实的基础。

李月震驱车缓缓穿过厂区的林荫路，绕过低压车间后左转，在一处花园边停了下来。他停好车，沿着小径走进了一座亭子，亭子里摆放着石凳石桌，桌上刻着楚河汉界。也不知是谁刚刚在这里下过棋，也许是有什么事着急离开，连棋子都没收好。

李月震拿起了“帅”，放在手中轻轻把玩着，视线穿过花园，望着自家的窗户。那是公司的家属楼，公司中层以上干部都住在这里，父亲就住在一楼的东侧。他放下了“帅”又拿起了“卒”，任思绪在棋盘间游荡。小兵过河当车用，小时候自己和父亲下棋，就常常见识父亲那过河卒的厉害。这两年，自己大力招商，其实玩的不就是过河卒吗？一个个县级门店，看着都不起眼，但算起他们的总销售额可真了不得啊。自己手下的“将士”则更像这过河卒，他们以前都是周围村里的乡亲，或是刚毕业的大学生，经过这两年的历练，不就像这过河卒一样风生水起嘛！

“二小，你回来啦！”

李月震的思绪被这一句温和的话语打断，抬头一看，父亲正微笑地看着自己呢。

第四节　农村包围城市

2012年是农历的龙年，也是绿灯行建厂的第十个年头。

龙年的春节，除了走亲访友，李月震大部分时间都在屋外的花园散步，还特意吩咐大家不要吵他，大家也不知道他到底在想些什么。

“星星之火，可以燎原。我所说的中国革命高潮快要到来，决不是如有些人所谓‘有到来之可能’那样完全没有行动意义的、可望而不可及的一种空的东西。它是站在海岸遥望海中已经看得见桅杆尖头了的一艘航船，它是立于高山之巅远看东方已见光芒四射喷薄欲出的一轮朝日，它是躁动于母腹中的快要成熟了的一个婴儿。”

李月震非常喜欢《星星之火，可以燎原》当中的这段话，常常引用来说明目标与行动的关系。李月震从经销商变成生产商，正是一步步用行动实现目标，从最初的“星星之火”逐渐实现“燎原”的过程。目标引领着行动，哪怕目标还有些遥远，但只要踏踏实实去做，就不是可望而不可及的。而如果没有目标，就没了前进的方向，绿灯行这些年正是在做大做强的目标引领下实现了发展，如今李月震有了一个更为切实、具体的目标——做全国电缆行业领头羊！

目标是万事之基。

早在2007年，李月震就在《绿灯行电缆报》上撰文，以《目标是万事之基，坚持是成功之本》为题，阐述过他的这一理念。而他在2009年末提出的四个五年计划，则将目标具体化了。

目标有多远就决定了一个人能走多远。正是做大做强的梦想引领着李月震建厂，严控质量，直至拿下山东市场。以前他还只能默默地把梦想藏在心里，而如今他已经发出了“要做第一”的“宣言书”，让所有人都知道了他的这一目标，也都认同了他的这个目标！

万众齐心，“革命的基础”已经完备，“革命的高潮”即将到来！而决定“革命的高潮”何时到来的，不是别的，是销售，是市场！

也正是在那段日子里，李月震渐渐酝酿出了“农村包围城市”的营销理念。

对李月震来说，想打开产品销路有两种办法。

一种办法是集中力量攻关重点项目，一旦拿下几个大项目就什么也不愁了。这也是目前很多大电缆厂采用的做法，如果运气好的话，一个项目的销售额就能顶上李月震整个山东省的销量。这样做确实省事，但风险也很大。国情所限，想拿到项目就要靠跑关系，而这个关系未必稳定，如果甲方出现一些变动，那这项目恐怕也就要中断了。这条路走得轻松，能赚快钱，但赚多赚少取决于自身与甲方的关系，万一这层关系出现了问题，企业的发展也会随之陷入困境。

第二种办法是拼命建设渠道，积少成多，积小为大。这样做很累，但是也比较稳妥。市场需求永远都是存在的，那么多店，那么多经销商，东方不亮西方亮，不会有太大的市场波动，利润总和也会很可观！这条路走起来累，但是能做到可持续发展，赚多赚少取决于自己是否努力，只要肯花力气就一定有的赚。

李月震采用的就是这第二种办法，这就好比“农村包围城市”的策略，只要经销商够多，渠道够广，来自市场的利润迟早要超过那些跑关系拉来的项目利润。而到了那时，再来重点攻坚大城市、大项目也不晚。

山东的市场经验让他更加坚信自己的选择是正确的。

“绿灯行”毕竟还是个年轻的品牌，知名度不够，人脉关系的积累也比不上那些大公司，如果现在就去攻关大项目，等于是在跟那些大公司硬碰硬，虎口拔牙的难度可想而知。而如果把精力放到渠道建设上，则可以锻炼队伍，一旦队伍磨合成型就是企业最大的财富，无往而不利。只有把渠道建设好，才能赚更长远的钱！

渠道建设需要时间，等绿灯行的渠道建设好了，哪怕其他大公司回过神来想要追赶，就算他们再有钱也没办法在短时间内变一个能征善战的营销团队出来，无论如何都会被李月震落下一个身位。等到那时，也许李月震的产品都已经走向国际了，还能把利润投入研发，在产品品质上与那些大公司一较高下！到那个时候，就算其他人再怎么努力追赶，恐怕也只能是“望李月震而莫及”了。

李月震其实是钻了一个空子。大公司嫌渠道建设太麻烦，嫌累，不愿去建设渠道；小厂则没有实力对渠道进行系统地开发与拓展，而绿灯行的规模则刚刚好，但是要把握速度，要抢占先机。

李月震已经在山东占到了先机。山东是绿灯行的大本营，是根据地，部队在根据地附近活动，粮草容易得到保障。而部队打的仗越多，所掌握的作战方法就会越多，力量也就更精锐！随着销量的不断提高，部队的不断壮大，银行的资金扶持力度也会越来越大，粮草就会越来越充足。

这时就可以挥师华北了！用山东市场练出来的兵进攻华北，用华北市场练出来的兵进军全国！

在此过程中，盈利不是唯一要考虑的事情，更多的是要将规模迅速翻番。以山东市场为基础拓展华北，以华北市场为基础拓展全国。重点攻克各省会城市，用省会城市的利润支持各地级市、县级市。一旦全国各主要城市都能见到绿灯行电缆，那绿灯行就会成为全国家喻户晓的电缆品牌了！这样一来，绿灯行的企业规模至少能杀进全国行业的前十位了！到那个时候，哪怕每个省平均只有三亿元的销售额，那么全国销售总量加起来也要有近百亿元的规模了。而如今最大的电缆企业，其一年的销售额也不会超过两百亿元。那时候的绿灯行就是一艘航空母舰，兵精粮足，就可以向一些大工程、大项目发起进攻了。

这个计划成败的关键在于华北市场。华北市场和山东不一样，在山东“攻城略地”，毕竟是家门口作战。进军华北，绿灯行没有知名度，人脉、资源也都不能与在山东的时候相提并论，在华北是以外来者的身份打硬仗，去啃一个个的硬骨头。

如果能够顺利占领华北市场，可以大大激励“部队”的士气，越战越勇！山东市场能做到从无到有，华北市场怎么就不能？李月震有信心！只要占领华北市场，就能证明李月震的“部队”是一支能打硬仗的“钢铁之师”，有谁不愿意加入这样的“部队”，有谁不愿意成就一番事业！那个时候，李月震就能进一步扩充“军备”，剑指全国，所向披靡！

时不我待，李月震要打一场“闪电战”，要的是“部队”的快速机动能力！他计划用一至两年时间迅速占领华北市场，随后兵分两路，一路往西，向陕西、甘肃市场进军，出玉门关进入新疆；另一路往北，出山海关攻占东北市场。

在占领北方市场后发起“渡江战役”，进取南方市场。最终将设立一南一北两个中心，北方以北京为首，南方唯上海是瞻。

这样的战略要求李月震的“部队”有很强的学习能力，能一次又一次地复制先前的成功经验。所以这华北“第一仗”至关重要，占领了华北市场，也就等于拿下了进军全国市场的桥头堡，成为行业第一的目标也就有了坚实的基础！

这就是“星星之火，可以燎原”！

其实，李月震自己又何尝不是绿灯行的“星星之火”。建厂时资金短缺，他坚持了下来；试运行设备时废料如山，他坚持了下来；面对利益的一次次诱惑，他也坚持了下来，一刻也不放松对质量的要求。他不怨天尤人，不自暴自弃，一路坚持向着自己的目标和方向前进。

一家家门店，一个个经销商，托起了“绿灯行”这艘航船。船长李月震站在甲板上遥望远方。山东市场只是他远大目标中的一个驿站，他比别人看得更远，他没有停下脚步，他以一种不达目的誓不罢休的信心、勇气和毅力吹响了进京的号角！

钟声已经敲响，他看到绿灯行犹如“光芒四射喷薄欲出的一轮朝日”，在华北闪耀。

第九章　腾　飞

第一节　本钱

干革命需要本钱，进军华北当然也要本钱——人才、资金、管理。

经过十年的卧薪尝胆，李月震攒下了这些本钱，但这些本钱之中，他最引以为傲的就是人才。绿灯行大学源源不断地为“海陆空三军”补充兵员，为绿灯行的发展提供人才支持。

以市场部领衔的“海军”，截至2011年年底已有61人的建制，平均年龄25岁，其中研究生1人，本科生21人，大专生39人。经过山东市场的锻炼，已经成为可单、可双更可团队作战的战无不胜、攻无不克的精英团队。尤其是他们吃苦耐劳的精神和对绿灯行美好明天的信任以及为宏伟目标的实现而做出的种种付出，更是令人动容。古语有云：“天将降大任于斯人也，必先苦其心志，劳其筋骨，饿其体肤，空乏其身”，经过这样磨炼的市场部，是李月震进军华北市场的信心来源。

以业务部领衔的“陆军”，在长期的服务过程中提高了服务质量。2011年终，为了更好地服务华北市场，经过绿灯行管委会长时间的商议，决定进一步扩编，成立业务三处，并进行科学、彻底的改制，将服务直接与工资挂钩，以便提高效率。高素质的业务部，是李月震进军华北市场的后勤保障。

以项目部领衔的“空军”，在不断的大业务公关中尝遍了酸甜苦辣的各种滋味，在付出了大量人力和财力的基础上，终于摸索出了一套独特的既节省攻关费用又缩短攻关时间且完全可以复制的大业务公关模式，锻炼出了意志坚强、思维敏捷、工作高效的攻关团队。攻无不克的项目部，让李月震能针对华北市场的重点项目进行精确打击。

为了适应信息化时代的发展，李月震还在2011年11月份成立了“特种部队”——网络部。这是一支只有6人的精干小队伍，24小时轮流值班上岗随时接受订单，不到两个月的时间已成功创造销售额200余万元，从网络角度把客户扩展到了全国范围。而且通过网络渠道的销售与宣传，也大大提高了绿灯行在全国范围内的知名度。

这样的战果有些出乎李月震的预料，虽然网络销售是当今各行各业的大势所趋，但他也未曾想到电缆这种东西也能在网络上卖得这样好。也许，现在的这支特种部队将来就会成为绿灯行的常备主力军。

经过多年运营，李月震练出了一支铁军。海陆空三军及特种部队人员稳定、同事和睦，对绿灯行的发展目标坚定不移，团结共勉，和谐共进。正是有了这支铁军，李月震才有了占领华北市场的底气。

这支铁军的建成历经艰辛，但只有真正打过仗的队伍，才是能打仗的队伍。正如李月震所说：“市场部、项目部、网络部在前进的过程中也走了很多弯路，但我认为，路是由人千万遍走出来的，是辛辛苦苦修筑出来的。经常走坎坷路的人遇到难走的路，才能从容自如、毫无畏惧地顺利度过，因为他们已积累了丰富的实战经验，熟练掌握了各种作战技术。”

除了人员储备，“粮草”也已就位。

2011年，虽然外部金融环境较为恶劣，但绿灯行凭着多年积累的诚信度和知名度，又新增加银行贷款资金5800万元，随后还将继续有银行的大批资金支持，同时绿灯行投资公司也充分发挥其蓄水池的作用。现在的绿灯行资金充足，已经完全有能力扶持山东地区尚未成熟的个别市场并有能力开拓新的华北市场。

此外，绿灯行多年的诚信经营在供应商心目中树立了良好的口碑，能按需及时得到质优价廉的原材料，为生产供应和质量过关提供了强有力的保障，为降低生产成本奠定了基础。

万事俱备，李月震还引来了东风。

那一年，绿灯行与山东第一报——《齐鲁晚报》和在全国发行的《人民公安报》均建立了长期战略合作关系；与实力雄厚的长城传媒建立了长期合作关系；与部分地区的广告公司签订了墙体广告合同；着手摄制两部长达15分钟图文并茂的三维动画宣传片；正在制作当中的4个不同版本的广告，将在各地电视台适时播出；签订了公交车车载电视广告合同；在齐鲁电视台、山东电视台生活频道、济南电视台新闻频道等电视媒体播出绿灯行的广告宣传片；同时还制作大量的宣传品：《如何选购优质电线电缆》《绿灯行季刊》《鲁西风情》等，就连笔、计算器、纸巾等小物件也一应俱全。

这些媒体渠道有助于绿灯行在华北市场迅速打开知名度。这些都是李月震进军华北的本钱。

2012年，李月震无论如何都要进京，无论如何都要攻占华北市场！为此，2012年开年之际，李月震着手进行了"整编"，进一步规范制度，提升效率，厘清内部关系。

2012年1月19日，李月震在公司的"辞旧迎新表彰联欢会"上表示："虽然我公司在2011年取得了可喜可贺的成绩，但仍存在一些缺点和不足，所以2012年的制度改革势在必行。改制也是为了更好地迎合企业发展而做出的决定。由于近两年来我公司迅速发展，原有的制度制约了发展，使管理遇到了前进中的瓶颈，为了解决这一难题，改制之事迫在眉睫。新制度的实施将会在很大程度上摒弃企业原来的弊端，提高大家工作的积极性和责任心，为绿灯行下一步的发展壮大奠定坚实的基础。"

随后，一份经过由全厂范围内抽调的一批管理精英长时间的商议和研究，以多劳多得、少劳少得，大能大得、小能小得为改制原则的新管理制度待议稿发到员工手中，以期进行大规模的意见征求。

新制的最大亮点在竞聘和责任制。绿灯行自建厂以来，员工大多来自周边的乡村，互相之间都是亲戚邻里，在制度执行的过程当中难免要讲一些人情。特别是在职位升迁方面，老员工的资历在一定程度上压制了一些有能力的新员工的发展。新的制度打破了这一现象，对生产、销售、管理实行承包责任制，厂内所有岗位面向全厂招聘，凡是有能力、有责任心、有丰富工作经验及能够服众的员工，皆可应聘所列出岗位，提交申请后，经公司管委会、常委会审核讨论后，选择优秀人才竞聘上岗。

新的制度还调整了分配机制。绿灯行的发展得实在是太快了，仅仅实行了三年的规章制度与工资标准又成了其进一步发展的绊脚石。为了提高员工积极性，李月震遵循“多劳多得、少劳少得，大能大得、小能小得”的理念，上调了车间生产工序的计件费，并对员工进行轮岗，以期在分配上较为平衡。针对各车间产值不平衡的问题，他提出由生产部长协调生产任务，各车间之间紧密合作调动生产任务，争取达到平衡各车间的产值。

销售方面同样如此。每个业务组配置四五个销售经理，每个经理负责三四个县的销售工作，要是对客户服务得好，货卖得多，相应地就能多拿奖金；如果货卖得少，服务不好还被人投诉了，那就只能少拿奖金了。这些业绩都是公开的，这样就形成了竞争机制，销售额少的经理看到同事这个月拿奖金了，就会憋着劲要在下个月超过他。

新的规章制度还在礼仪、仪表及着装问题上做了详细的规定，为的是让员工的精神风貌展现出企业的风采。

李月震这是以现代化大企业的标准来打造绿灯行了。他深知现在对手不一样了，所谓攘外必先安内，如果无法在内部达成共识，又如何克敌制胜？虽然这次改制触及了一些人的利益，但终归是为了企业的长远发展而考虑的，新制度也得到了广大员工的拥护，很快顺利地颁布试行了。

短短十年间绿灯行就经历了两次大规模企业改制，而且都是在迅速发展之时主动求变。如果躺在过往的成功经验上，等企业出了问题再去改，不仅为时已晚且会阻力重重。与其被市场逼着改，不如主动求变去适应市场。制度是一个企业发展的基础，能适时地通过改制促进企业的发展，不得不说这是李月震的先见之明。

“整编”完毕，李月震蓄势待发。他为进军华北市场所做的最后一项准备是投资100多万元盖起了占地30亩的绿灯行生态园，为员工提供绿色健康无公害的果蔬产品。

生态园收获的那天，李月震乐呵呵地到食堂里吃了顿饭，期待着不久的将来也能在北京品尝到胜利的果实。

北京，久等了！

第二节　进京

龙年春节刚过，李月震就派出了 80 多名销售精英进入北京。

践行会上举行了简短的“阅兵仪式”，绿灯行的销售精英们喊着“走出山东，开拓华北”的响亮口号，向父老乡亲们告别，大家都期待着他们胜利的消息！

然而一个月过去了，两个月过去了，除了两个 4S 形象客服中心已经开始装修外，其余的进展却非常缓慢。

这是为什么？为什么在山东市场攻无不克的队伍，到了北京就没有进展了？难道真是水土不服？李月震看得心急，心想如果这样下去，要到何时才能把市场打开，时间全耗在北京了。

时间不等人，李月震冥思苦想，意识到自己可能犯了一个战术上的失误。他这是第一次指挥“大兵团作战”，以前在山东市场都是用只有几个人组成的精干小组进行突击，他以为大城市就要用大兵力，没想到适得其反。

队伍太大，沟通协调的成本太高，反倒不如小团队能有高效率。5 月初，李月震当机立断，还是用老方法来，分散行动，将 80 多个人分成 13 个小组，分别进入天津、河北。

这一改变的效果立竿见影，毕竟这些销售人员都是跟随李月震在山东市场打出来的“老兵”，很快捷报频传。

5 月中旬，李月震成了“空中飞人”，几乎顿顿吃的都是航空餐。

5 月 16 日，李月震现身青岛，参加青岛客服中心的乔迁仪式。

两天后，5 月 18 日，李月震又出现在了津门新南马路五金城，参加天津客服中心的开业典礼。这是绿灯行的华北第一店，面对到场的 300 多位经销商和嘉宾，李月震郑重承诺“诚信经营、宁可不买、绝不欺诈”。

这是李月震第一次面对华北大地做出这样的宣言，李月震在红色的背景板上签下自己的名字，哪怕是见惯了大场面的他，此刻也有些紧张和激动。因为次日，他要去圆一个自己长久以来的梦。

5 月 19 日，北京。

李月震一早就来到了位于京开高速公路旁的京开五金建材批发市场，一进门就看见正对着市场大门口的店面张灯结彩。他与工作人员开起了玩笑：“这是哪儿请来的这么多空姐啊？”

礼仪人员身穿金灿灿的制服，除了着装不一样，一颦一笑都与空中乘务员无异。李月震看得高兴，原来这都是绿灯行北京客服中心的服务工作人员。

经过长时间的筹备，绿灯行北京客服中心终于要开门迎客了！

李月震站在红毯上，扫视着鲜花和乐队，思绪万千。他筹划了两年，今天终于在北京有了落脚点。他想到了十年前回乡建厂时的艰辛，想到了自己当年踏着三轮车送货的岁月，想到了自己做大做强的梦想，想到了他身后的乡亲与员工。

“李总，发什么呆啊？”

李月震这才回过神来，抬头看了一眼招牌——“山东绿灯行电缆”。不错，多了“山东”二字，如今在华北，李月震的身后是整个山东市场的支持，他自然信心百倍！绿灯行北京客服中心在试营业期间就已经拿下了 400 万元的订单，产品远销蒙古和巴基斯坦两国，并与中铁八局、中建十三局初步建立了合作关系！

立足北京，意味着更宽阔的市场！意味着绿灯行的未来更加辉煌！

开业仪式结束后，李月震甚至都没有时间陶醉一番，他马上要赶往济南，参加第二天举行的 2012 年第一季度山东代理商销售工作会议。

在大会上，他回顾了自己这几天的行程：“两个客服中心的开业是绿灯行打开华北市场的第一步。之所以花巨资来设立这两个店面，就是想通过这种方式让人们记住绿灯行这个品牌，然后再去了解绿灯行的品质，让别人知道我们有能力，也有实力取得更大的成绩！”

两个月后，7 月 20 日，来自北京市场与河北市场的第一批 200 多位客人来到绿灯行厂区，进行为期三天的参观考察。

李月震为这些经销商准备了“八大礼包”——免费制作户外喷绘广告；为店员及销售人员提供全面系统的电缆销售培训；提供大客户业务协助公关，并提供相关支持；保证所有的电缆产品齐全，保证订货需求并及时发货到位，确保经销商销售产品的时间竞争优势；承诺并执行实施“因产品质量不合格，公司双倍赔偿”和“产品米数差一补百”的质量承诺；提供水晶材质绿灯行电缆销售授权证明；提供绿灯行电缆资质证书一套；提供绿灯行专供办公用品数套（签字笔、纸抽盒、水杯等）。

有了京津 4S 形象店这两个活广告，这回再也没有人会对绿灯行产生质疑了。当晚，大多数人都已经回去休息时，有个经销商却悄悄找到了负责本次招商的张继勇，他从兜里掏出两叠人民币往桌子上一放，说道：“张总，这是两万块保证金，您先收着。”

张继勇也没料到这一幕的发生，只好笑着推辞：“您先别急，这钱我们现在也不能收，签约还得有个流程什么的……”

张继勇的话还没说完就被打断了，经销商非要把钱往他怀里塞：“您一定要收下，您收下我才踏实。”

张继勇只能继续赔笑着说：“真不行啊！就凭您这份诚意，要能收我还不收吗？可这钱不能给我啊，咱们经销商手册里不都写着嘛，这是交给厂里的保证金，我们公司也不是要贪这钱，就是意思一下，起个预防作用。我是真不能收啊！我要真收了，那明天渎职调查部就要来找我了，那我可担不起啊！”

好说歹说，张继勇才算是把这位经销商劝走了。

只是没想到，这位前脚刚走，另一位经销商后脚就跟来了。这次来的这位还算比较含蓄一些，拿出来一个信封放在桌上，不用说也能明白那里面装的是什么。张继勇赶忙说：“您看，我刚劝走一位呢，就是在门口跟您照面的那位，这样真不成啊。”

“那这样成不成，我交三万的保证金，您把这绿灯行产品的代理权给我。”

看着经销商一脸真诚的表情，张继勇有些哭笑不得：“兄弟，这真不是钱的问题，要是我们绿灯行图这钱，干吗不定个20万的保证金呢？我们找的是合作伙伴，要是您诚心和绿灯行合作共赢，一分钱都不用多缴，这经销商资格还是您的！”

送走了客人，张继勇心里早已是心花怒放，从一开始厂区的无人问津，到现在经销商争着抢着交保证金为了取得产品代理权，绿灯行这一路走来是多不容易啊！他当即给远在北京的李月震打了个电话：“李总你知道吗，刚才有两个经销商来找我……”

当时李月震正在外面吃夜宵，桌上摆着他最爱吃的凉拌木耳，但心里正记挂着家里的招商效果呢。听张继勇通报完喜讯，心里的一块石头总算落了地，有了经销商的支持，绿灯行应该是能在华北站稳脚跟了。

挂掉电话，李月震微笑着叫来了服务员：“再来一份。”

次月，8月25日，又有近千名华北地区代理商分两批来到绿灯行工厂区参观考察，这是绿灯行招商史上规模最大、人数最多的一次。9月

21日，来自华北地区的第四批代理商莅临绿灯行工矿区参观考察。两个月内，小小的李丙东村宾朋满座，1500多人次的代理商参观考察之后，签下了180多份业务合同！

金秋十月，李月震迎来了收获时节！短短两周，他以平均每两天开一店的速度，在华北连开八家店面！这些店的位置都是他亲自带人经过详细的考察和慎重的考虑后选定的，每一家店面都位于当地重要建材市场最显要的位置。

10月14日上午11时28分，绿灯行廊坊客服中心开业；

10月16日上午11时28分，绿灯行承德客服中心开业；

10月18日上午10时58分，绿灯行唐山客服中心开业；

10月20日上午11时18分，绿灯行沧州客服中心开业；

10月22日上午11时18分，绿灯行邯郸客服中心开业；

10月24日上午11时18分，绿灯行邢台客服中心开业；

10月27日上午11时28分，绿灯行衡水客服中心开业；

10月28日上午11时18分，绿灯行张家口客服中心开业。

李月震四处奔忙，但乐在其中。除了规划中的13家直营4S形象店，这5个月来，他已在华北地区签约经销商126家，分销商565家，基本形成了覆盖京、津、冀主要地区的经销网络。同时他还在北京和石家庄分别设立了产品齐全的大型成品库，可为华北地区提市场供强大的现货库存供应和更为快捷的物流支持。

也是在这年十月，绿灯行的新一批学员“钢七连”进入了绿灯行大学，他们的口号是“华北必胜”！这批新生力量将在11月投入“华北战场”，完成进一步的渠道开拓和对经销商的帮扶。

2012年是绿灯行建厂的十周年纪念，华北市场的辉煌战果无疑是对建厂十周年的最好献礼！这是李月震这十年来踏踏实实、兢兢业业的努力所收获的甜蜜果实!

2012年12月31日，北京国际会议中心，绿灯行电缆华北地区经销商年会在此召开，这次会议主题是“共识、共建、共赢”。这是李月震第一次在北京开年会，180多家经销商，400余人齐聚京城。

会议中心门口高悬着“绿灯行电缆欢迎华北地区经销商”的条幅，广场最显眼的位置停放着8辆依维柯汽车和60辆东风小康汽车。东方小康汽车被统一涂装成了迷彩色，是绿灯行电缆的送货主力军，被员工们亲切地称为“绿灯行小青蛙”。这些车是给优秀经销商的奖品，奖项也有名目，叫做“创业华北”和“驱动新年”。

百米长的“创业大道”红毯从大门一路延伸到二楼签到处，两边陈列着几十幅记载着绿灯行十年创业足迹的展示架。

李月震希望能借助这次会议展示绿灯行的进取精神，展示绿灯行的实力，更重要的是让大家看到绿灯行成为行业第一的潜力。

李月震和妻子站在门口，与每一位到场嘉宾握手致意。如今真的不一样了，想当年他第一次开经销商年会的时候，还是在自家的培训中心，后来开到了济南，现在又将年会开到了北京来。未来，他还要把这年会开到上海，开到广州，开到成都去!

李月震在会上谈到了大家共同的愿景:“我们都知道电线电缆产品是关乎到人身安全的事情，马虎不得。我们希望每一位电缆销售商能够真正把好质量关，把优质安全的产品提供给消费者放心使用。我们在寻找经销商的时候也是在当地做过大量调研，去寻找当地财德兼备的五金店老板做我们的经销商，以便有能力和绿灯行的经验理念吻合共赢。路漫漫其修远兮，绿灯行人将上下而求索，不断开拓创新，快速适应瞬息万变的市场大环境，未来的路还有很长，同样也会有很多困难在等着我们，这就需要我们不断迎难而上，团结在一起去用信心、智慧和创新把握时代发展的机遇，早日实现绿灯行做行业第一的目标。”

“财德兼备”，“理念吻合”，“迎难而上”，“做行业第一”，这些是李月震在年会上的关键词。与以往的历次年会一样，李月震始终不忘要“做行业第一”的目标，也始终不忘未来的困难。也许正是因为李月震的居安思危，才鞭策着他不断进取。再加之“财德兼备”，“理念吻合”的经销商们的辅助，绿灯行才能一路畅通跑在快车道上，不至于有翻车的危险。

这次大会的另一个成果是李月震沿用了绿灯行的“管委会”组织机制，成立了“华北区域经销商委员会常务委员会”。委员会的每一名委员都是当地能力突出的经销商，他们将代表整个经销商团体实行经销商的权利与义务，与厂家更好地交流意见，共同促进绿灯行在华北市场的开拓和巩固，根据华北区的实际情况与厂家交流制定新的营销策略，制定相应的奖罚机制。

会议的最后，李月震还特意安排了茶话会，和经销商们近距离地沟通交流。就像当年制定规章制度时一样，这次茶话会不为别的，李月震就是来听抱怨，来吸取意见的。

“感谢大家一直以来对绿灯行的支持！今天我就是来接受批评的，如果我们的工作有什么不到位的地方，请各位尽管说，千万不要客气，只要是我们能做到的，我们一定想尽办法努力做到，绝不会打马虎眼。”

话音刚落就有人“开炮”了：“李总，上个月有批货晚到了一天，搞得客户有些不高兴，我可是花了好大的功夫才把客户哄好的，您看这？”

“实在不好意思，我们回去一定加强内部管理，一定杜绝送货不及时的现象！”

“李总，就前几天，业务处的报价慢了一点，害我丢了一单生意，好几万呢！”

“您别着急，这个我回去查查，该补偿的我们一定会补偿给您！”

“李总，前两天一个客户说电缆出了问题，咱们售后服务的员工过了一天才到。虽然那地方是有些偏，但以后能不能想想办法再快一点？”

“这是我们不对，请您多多包涵，我们一定会尽快改善的，如果有什么损失您尽管说。”

有一个经销商犹豫了好久才开口：“李总，我前阵子做了单生意，到现在钱也没讨回来，那客户实在是不好对付，我也没什么经验，搞得最近手头都有些紧，您看这可怎么办？”

李月震听完，大致也猜到了是怎么回事，这经销商恐怕是上当受骗了，按理这是经销商自己的责任，公司是不应该承担损失的，可李月震却说：“您别着急，等会儿咱们私下抽空聊聊，吃一堑长一智嘛，我以前也没少摔跟头，这不也都过来了嘛！既然来了绿灯行那咱们就是一家人了，你的困难就是我的困难，我一定想办法帮你解决！”

李月震记了满满几页纸的“抱怨”，他也不管这抱怨到底是什么原因，暂且一一都认了下来。有些问题确实是由于自身工作上的疏忽导致了经销商的损失，本就该赔偿的，但李月震还特意交代，除了应有的赔偿外还应送些礼物，聊表歉意。可有些问题还真不是自己的责任，公司是不应该出钱赔偿的，然而李月震却想着经销商也都不容易，现在自己有能力了，应该多帮衬一下，有些经销商的学费还是自己来掏吧，于是他垫资 100 多万元，把这些损失全都认了下来。

虽然李月震自己没做声张，可他的仗义和诚信还是在经销商中传开了。从年会到春节这短短的十几天的时间里，李月震就收到了 3600 多万元的预存款！经销商们这是铁了心要跟李月震同舟共济，一起奔向未来的阳关道了！

2012 年的年末，李月震在企业内刊的十年特刊上写下了这样一段话来总结过去，展望未来。

“过去10年的峥嵘岁月中，绿灯行人团结一致，艰苦创业，企业从小到大、由弱到强，经营管理不断创新，在万家电缆激烈竞争的环境中创造了一条适合绿灯行发展的特色之路，开辟了一片属于绿灯行的蓝海市场。

如今，绿灯行所拥有的精英团队、优质产品、广阔渠道、雄厚财力、丰富经验等各方面的综合实力，将企业推入了一个新的历史发展时期，驶入了一条发展的快车道。今天的绿灯行犹如利箭在弦，蓄势待发；更如东方朝日，势不可挡。

展望明天，绿灯行人要解放思想，更加团结，敢于克服任何困难，保持坚持不懈的工作精神，为实现‘做中国电缆行业第一’的宏伟目标而努力奋斗。

明天，绿灯行的事业会更加的辉煌！

明天，绿灯行人会更加的幸福、快乐！”

第三节　腾飞计划

随着2013年的到来以及华北市场的顺利进展，李月震感到曾经制定的四五计划已经落后于企业的实际发展了，于是将其修改为两个五年计划。

第一个五年：

1. 于2013年至2017年，在全国范围内完成省—市—县三级销售渠道建设；

2. 将插排、插座、低压开关、配电箱、配电柜、电缆桥架、变压器等相关的产品纳入到生产加工和销售范围之内；

3. 项目部、信息部、国际贸易部同时谨慎跟进；

4. 实现销售额突破100亿元。

第二个五年：

1. 稳固公司与销售商、一线员工的利益关系，彻底完善人、财、物的管理，夯实一线销售渠道基础；

2. 于2018年至2022年，加大新技术的研发力度，达到技术的绝对领先地位；

3. 加强项目部、国际贸易部的攻坚力度，争取成为全国所有电缆重点采购单位的优选供应商；

4. 实现技术领先、生产规模领先、销售领先、利润领先。

真是计划赶不上变化，仅仅过了两年，四五计划就变为了二五计划，这样的改变也印证了绿灯行的发展是多么的迅猛！

除了显著提速，新计划中最明显的变化是把原先“四五”计划中预计在第三年完成的部分纳入了第一个五年规划。这是因为李月震考虑到应该进一步地利用绿灯行的几千个销售网点，扩大自己的产品线。而且由于市场有限，很多县级经销商光靠电线电缆无法维持生计，同时还得兼营其他的电器产品。这与其让别人来做，还不如自己做。而且插排、插座这些产品都是老百姓日常生活中要用到的东西，不像电线电缆，即使做得再好老百姓也不会有直观的感受，这样有利于提高品牌的知名度。提速可谓是一箭双雕，不仅能利用现有渠道产生销量和利润，盈利的同时也相当于做了免费的广告。

李月震自己都没想到进展竟然会如此的顺利，想起刚进京遭遇到一点儿小挫折时自己着急的样子，他不禁哑然失笑。也许这样的结果是早就注定的，这样的结果来自绿灯行创业十年来日日夜夜的积累，来自面对挫折时的迎难而上，永不放弃。

为了能顺利实施二五计划，李月震在 2013 年启动了配套的“腾飞人才培训计划”，旨在立足于“以质兴企”和“以人为本”的发展理念，以“绿灯行大学”员工培训中心和“腾飞人才培训计划”系列培训班为依托，源源不断地培养适应市场及适应公司高速发展的业务人才，为公司未来继续高速发展以及为全国各地经销商提供人才支持及业务交流互动平台。

“腾飞计划”系列培训着眼于对学员的“传道、授业、解惑”，分为初级班、中级班、高级班，业务提升培训将会逐步涵盖绿灯行市场部、业务部、生产部以及绿灯行山东地区各代理商及其员工、华北地区各地直营店店长、内勤以及华北地区经销商和员工，预计总参训人数将会超过 1200 人。李月震为培训配备了强大的讲师阵容，教材是“绿灯行大学”所用教材的升级版，教材里面并非是死板的知识，而是绿灯行这些年在市场历练的过程中，不断总结出来的实际经验以及能活学活用的现实案例。腾飞计划使用的教材结合讲师们实际讲析理解，能真正做到让学员融会贯通，温故而知新。

腾飞培训的课程设计也基本参照绿灯行大学课程，课时设置实行“军训加业务知识培训”的模式，依托绿灯行市场部真实、丰富而又生动的销售案例，结合最新最实用的销售及业务知识，融合体能、毅力训练以及思维拓展训练，课程设计得紧凑而充实。

腾飞培训的毕业考核标准涵盖军训考核成绩、作风纪律考核成绩、内务卫生考核成绩以及专业知识笔试、口试考核成绩，最后进行综合考量。

来自华北地区的部分经销商及其员工、绿灯行华北公司各办事处经理及销售精英、华北地区直营店优秀店长及内勤、中大矿缆业务处业务员、新招聘的绿灯行大学八连学员以及来自山东地区的代理商和业务员参加了前三期的培训。由于这三期培训的参与人员以刚刚毕业的大学生和刚接触电缆行业不久的业务员为主，所以对他们进行的是最基础的初级班的培训。培训的结果成绩喜人，其中前两期学员的合格率达到70%，第三期学员的合格率超过90%。

相比绿灯行大学，腾飞培训的学时更短一些，通常为一周多的时间，但受到了广大新老员工、特别是经销商的欢迎，他们都觉得从这次培训中学到了实实在在的东西。

来自四大队的申艳芳说：“我是来自邯郸的一名经销商，通过这短短的几天学习，在我的大脑里，对日后的工作有了大概的框架和思路，对自己以后的门店管理和销售经验有很大的帮助。在这里我不但学会了电线电缆知识，还学会了怎样区分优劣质电线电缆，而在这里让我看到了一种团队的精神和力量。对于每天的训练和工作，员工们都积极参加，并且想办法努力融入团队，很好地扮演着自己的角色。这让我体会到个人与团队的关系，没有团队就没有个人的成功。只有更好地融入团队，承担责任，敢于担当，才能实现个人与团队的双赢。这几天的学习让我学会了端正心态，以努力换取肯定，用实力赢得尊重。非常感谢绿灯行给了我这次学习的机会，这次的学习使我终生受益。”

来自一大队四班的高文正说：“参与了绿灯行的腾飞培训，使我从对电缆的一无所知到现在对电缆有了一定了解。腾飞培训中，各位讲师的讲解非常细心，我们也参观了厂区的生产线，认识了生产电缆的各种设备，还学会了识别电缆的优劣，这些都会对我以后的工作有很大的帮助，我会铭记和珍惜这次参训的宝贵经历。我会继续认真学习，充实自己的电缆知识，为占领市场做准备，为将来绿灯行的开疆拓土献出一份力。”

就连已经有了丰富市场经验的员工也觉得从培训中获益匪浅。

党永朋说：“非常高兴参加绿灯行的腾飞培训计划，不仅锻炼了意志，而且学到了知识，学习了同事们的宝贵经验。二期培训解决了我工作中的许多疑惑，尤其解决了我在工作中遇到的一些难题，对如何提升工作水平、工作质量很有益处。同时我作为一名班长，让我有机会锻炼自己，知道如何与同事沟通交流、组织事务，这对自己的能力是很大的提升，受益匪浅。感谢绿灯行，感谢同事们！”

更多感慨则来自于那些从绿灯行大学毕业的学员，他们经过了市场的历练，再次参加军训，再次回到课堂。他们在一起学习、一起用餐，彼此一个点头微笑的招呼都显得那么地亲切。那些昨天发生的点点滴滴依然清晰，再次见到熟悉的“战友”让人别有一番滋味在心头。

那时候，他们还叫“帮扶团队”，众多兄弟姐妹一起吃住，一起跑市场，那时的他们就像上满了发条一般，虽然每天都在四处奔波，但都感到很充实，甚至不知疲倦为何物。随着时间的推移，他们分布在了各自的战场，但由于时间的关系，其中有些人渐渐地学会了偷懒。

腾飞培训计划让这些老兵回炉重造，让他们再次经历军人般的训练，为他们敲响了警钟。这是充满痛苦的过程，但没有痛苦何来回报？

绿灯行大学的一连“老兵”张鸿欣在培训后说：“作为一名老员工，再次参训后的心情难以平静。从走上楼梯的那一刻，我的脑海中就闪现过无数的片段，有荣誉，也有泪水。但从这一刻起，我将空杯归零，再次接受绿灯行的考验。军训开始之后，我发现强度比想象中要大很多，身体也在训练的过程中频繁报出预警信号，但我心中只有一个信念——坚持。不仅是训练，关于内务与团队建设的规范性也让我学到了很多东西，经销商们也对我们更加认可与坚定。在这里，我只想说，我们是军事化管理，我们有军人一样的气魄，我们更加相信绿灯行的腾飞一定行！”

以初学者的心态为自己充电，积极努力地学习，不让自己掉队，这就是绿灯行“老兵”的素质！这些老员工没有以功臣自居，而是感到了一种沉甸甸的责任。

“能够参加腾飞培训计划，是幸运，也是责任。被选举为四班的生活委员，我感觉我就是电视剧《亮剑》里的赵刚，能够为大家服务让我倍感愉悦。腾飞培训计划的学员必将助力绿灯行开疆拓土，并在这段历史中锻炼自己，提升自己，服务他人。”孙兵兵的这番话，道出了“老兵”的心声。

“八连！八连！战胜严寒！超越自我，勇往直前！”操场上传来铿锵有力的口号，一群年轻人正步伐坚定地列队前行。这是刚刚招来的应届大学毕业生，他们是绿灯行大学的第八期学员，也来参加腾飞培训了。

他们对未来充满向往，期待着毕业后能一展身手。新兵学员的代表刘强说："我很荣幸参与到这段历史中来，感谢绿灯行带给我的成长与感动，感谢绿灯行大学让我重新奋起，再一次燃起自己对未来的希望！感谢钢八连每一位讲师、每一位教官和每一位同学给予我的帮助和鼓励！"

这些真挚的话语，是学员们对绿灯行腾飞培训的肯定，也承载着对绿灯行未来的期望。

"腾飞培训"正如其名，走进培训中心时也许还是菜鸟，毕业时就将成为能够独当一面、征战一方的业务精英。而绿灯行的腾飞离不开这些展翅翱翔、鹰击长空的优秀人才！

从绿灯行大学到腾飞培训，我们可以看出李月震对人才的重视。也许是因为绿灯行建厂初期有太多的困难，李月震当时根本无力去引进一些高端人才，但经过培训与历练，早期的乡亲们如今都成为了企业发展的脊梁。因此李月震也认为，人才主要不是靠引进，而是要靠培养，靠环境去打磨。如果只是把人招进来就放任不管了，那是对人才的不负责任，也只会造成"伤仲永"的故事。所以他才会在人才培育上耗费了如此巨大的心力，当然也收获了丰硕的成果。

在绿灯行的招聘广告上，有这样一句话：我们要创业者，不要打工者！李月震更希望加入绿灯行的员工能与企业同甘共苦，共同发展。

第四节　铭记 8·11

2013 年 3 月 19 日，李月震终于搬进了他位于北京市丰台区南四环西路的总部办公室。这个面积 1080 平方米的办公区域将成为绿灯行的行政总部。信息部与呼叫中心也将设立在此。总部的交通十分便利，距离绿灯行北京销售客服中心只有 15 分钟车程，距离华北地区仓库基地也仅有 20 分钟的车程。

此前的绿灯行有那么多的店面，那么多的经销商，那么多的员工，却没有一个名副其实的总部。将行政中心与制造工厂分离，无论是从管理上还是业务上都非常有必要，这也是一家企业迈向更高层次的重要一步。如果没有总部，外界对绿灯行的认知恐怕也就只是几家工厂；如果将总部设在阳谷，那外界就会以为绿灯行只是阳谷县的一个普通企业。北京总部的建立意味着品牌，意味着规模，意味着实力。

如今绿灯行已是拥有三大生产基地，固定资产超过 10 亿元，营销网络遍及北京、天津、河北、山东、山西等省市，集制造与渠道为一体的大型产业集群了。李月震执意“定都”北京，彰显了他要以此进一步辐射全国市场的雄心。

10 天后，北京总部就派上了用场，绿灯行第一次与“世界级”的活动有了联系。

2013 年 3 月 29 日上午，“绿灯行 · 2013 年世界小金属地掷球联合会杯”新闻发布会在北京总部举行，本次赛事由山东阳谷绿灯行电缆有限公司独家冠名赞助，来自中央人民广播电台、中国新闻社、《中国体育报》、《中国青年报》等二十多家国内一线媒体的数十名记者参加了本次新闻发布会。

当然，能够冠名“2013年世界小金属地掷球联合会杯”与这次比赛在阳谷县举行不无关系。阳谷是中国掷球协会国家训练基地，自2009年以来，已经获得2项世锦赛冠军（双人），1项亚锦赛冠军（双人），17项全国赛事冠军。作为从阳谷走出的企业家，家乡有这样的盛事，李月震出手相助责无旁贷。李月震将这看作是一个起点，是绿灯行在世界赛场上的初试莺啼。

北京的办公地点确定后，李月震便在附近租了间房子，方便照顾公司的事务。有一天他路过业务处，听到办公室里一位员工打电话的态度有些生硬，便在门口停了下来。等那位员工挂了电话，李月震走了进去，问道：“这是怎么了？打个电话声音这么大。”

“这经销商，同样的问题问了一次又一次，明明刚问过，又说忘记了。”

“那也不能这么跟经销商说话啊！不管你有理没理，礼貌总是要有的吧？再说，经销商也是做生意，难道还会故意说忘了然后找你麻烦不成？我们本来就是要为经销商服务的，三两句话就不耐烦，这算什么服务！”

坐在一旁的业务处长看李月震要发火，赶忙过来解释：“小张最近身体不太好，昨晚还在发烧呢，我们也是业务实在太忙了才又把她从家里叫了过来。”

李月震听完，口气也缓和了下来：“生病了怎么还把人叫过来上班，不过你站在对方角度想一想，要是你打电话问个什么事，听到对方高兴和气的声音，自己心情也好对不对？我们得设身处地地多为经销商想一想。这次就先算了，小张你还是先好好休息，不能硬撑着，等病养好了再来上班吧。”

虽然这只是一件小事，只不过是业务员打电话的时候态度生硬了一些，李月震都觉得有些不妥。虽然事出有因，但李月震也不想因此忽略了经销商的感受。

搬入北京不久，4月底的时候，秦皇岛、保定两家绿灯行客服中心相继开业。秦皇岛客服中心开业之时已拥有6家经销商，127家分销商，而保定地区更胜一筹，已拥有了20家经销商，158家分销商。相比一年前的艰难拓展，现在可谓是水到渠成。

2013年8月11日，李月震召开了山东、山西以及华北地区的经销商联合销售工作会议，三地经销商首次共聚一堂。会上，李月震归纳总结了自己的企业发展思路，从使命追求、核心价值观、管理思想、企业文化、品牌定位再到职业要求都一一提及，最后提出了要“铸造百年企业”的愿景，这也是绿灯行未来发展的伟大蓝图。

从“做大做强”到“长盛不衰”，这又是绿灯行的一次升华，是李月震对自己提出的新的要求。他也将像以前一样，迎着目标，坚定前行。

除了发展蓝图，那天发生的另一件事也必将载入绿灯行的史册。

当天上午，中大矿用电缆有限公司厂区迎宾楼前的空地上摆放着价值400余万元的电缆，李月震看着这些电缆，一脸凝重。

这些价值400余万元的电缆是不合格产品！这也是绿灯行十一年的企业发展史上唯一一次出现重大产品质量事故。其实这些产品检验的结果都是合格的，只是不知道为什么，这些电缆在实际使用的过程中却很容易折断，客户因此怨气很大。

李月震心里清楚，新厂区、新设备、新工人、新改进的产品，由于这些因素而造成出现一些无法检验出的问题也在情理之中，但他没有抵赖，没有坚持自己检验合格的说辞，而是下令给客户调换新产品，同时封存那批有问题的产品。

让李月震没有想到的是，自己虽已下令封存，竟然还有人偷偷在卖这批不合格产品，这会给绿灯行多年苦心经营的声誉带来极为恶劣的影响！无论如何，这些产品绝不能再次流向市场。既然封存不行，那就直接销毁！

那些不合格电缆的旁边停着一辆重型压路机，李月震亲自坐进驾驶室，缓缓地朝地上的电缆驶去。一卷卷电缆在压路机的碾压下发出咯咯嘎嘎的声音，李月震的心在滴血。他不是心疼这400万元钱，而是为产品的不合格感到羞愧，为有人不珍惜绿灯行的品牌声誉而感到愤怒！假如这批质量有问题的产品再次流入市场，如何对得起绿灯行对社会各界的庄严承诺？

好在事情被发现得及时才没有铸成大错，面对着480余位来自山东、山西以及华北地区的经销商，李月震弯下腰，鞠躬致歉。

这一天被李月震定为企业产品质量耻辱日，而那些废铜也被他铸成牌匾，上面刻着“永远铭记8·11”。这是一次深刻的教训，未来的日子里，他都会牢牢记住自己碾压过不合格产品时发出的声响。必须要进一步规范制度，严守质量关！

“宁可不卖，绝不欺诈”，这是李月震从建厂伊始就定下的经营理念，这么多年从未动摇。曾有人劝他向市场低头，但他坚持要做国标线；为了企业的生存，也曾有人劝他对问题产品不要较真，他非但不听，反而对各种质量细节更加吹毛求疵；出了问题，哪怕不是自己的责任，他也比任何人都着急，坚持要为客户在第一时间解决问题，要维护好绿灯行的品牌声誉。

正因如此，他才敢拍着胸脯保证：差一赔百，不合格产品双倍赔偿！这一次，李月震用行动证明了自己的承诺。

那天下午，面对着三地经销商，李月震说："绿灯行的品牌价值是不能够以价格和金钱去衡量的。绿灯行的高价位、优品质、重信誉是我们的旗帜，我们应充分利用这些优势去提升知名度，提高销量，而对销售低、没销量、造假售假的部分销售商应给予警告。广大经销商要重视绿灯行平台，重视自己的身份，珍惜自己的付出，不要因这些问题被取消了经销商资格。"

李月震亲手销毁这价值400万元的不合格电缆，既警告了那些试图浑水摸鱼的经销商，同时也让那些诚实守信的经销商进一步坚定了对绿灯行的信心。

2013年11月，中国共产党十八届三中全会召开，提出了要"深化改革"以及"新城镇化"的战略发展思路。

这又是李月震的一大机遇，"新城镇化"的建设离不开电线电缆。

差不多就在三中全会召开的同时，李月震也对绿灯行进行了内部深化改革。2013年11月初，绿灯行电缆山东销售总公司、绿灯行电缆华北销售总公司和绿灯行电缆山西销售总公司分别成立，将独立运营管理山东、华北、山西地区的销售工作。这三家公司与生产厂区实行合同式的对接方式，所有的订单处理、财务收支、服务承诺也都将采取合同制，即销售总公司要本着对本地区所有经销商负责的态度，将所有点对点的服务、口头的、不明确的所有细节，落实在统一的、明确的、细致的合同文件中进行销售管理。

这又是一个意义重大而深远的改革，企业的销售服务将从生产厂区剥离，绿灯行将借此逐步实现"产销分离"，为将来进入全国市场做好了准备。

随后，李月震又召开了视频会议，优化了华北、山东两地的库存管理，以保证能及时将货物送到经销商手上，同时也避免了运输的交叉重复，节省了成本。

步入2014年，李月震又开始进一步思索如何进一步提高效率，让绿灯行发展得更快一些。

华北市场的成功证明“兵贵精不贵多”，既然华北市场是用一些精干的小分队占领的，那这样的成功自然也可以推广到其他地区。在开拓华北市场的过程中立下汗马功劳的直营4S形象店现在已经没有必要设立了，产业集群的分工越来越细，4S形象店的服务功能已不再那么重要，而只要在每个地区重点扶持一两家有实力的经销商，其实同样也可起到形象展示的作用。这样一来就可节省大量的人力和资金，原先用于河北一省的资源，也许现在就可以用来同时开拓三个省了！

以前绿灯行招商是广发英雄帖，开的是“武林大会”，而现在李月震打算将其升级成“华山论剑”，先期就对各地的经销商进行全面的摸底，筛选出有实力的、能与绿灯行共同成长的经销商，这样一来，一个地区的招商工作也就不用再像以往那样要分四五次完成，只需一次开会便足够了。

那么李月震之前的做法是不是有些浪费了呢？对此，李月震笑着说：“经验都是买来的。你不那么做也不知道对不对。每个时期、每种情况都有不同的做法，以前成功的做法换到现在不一定能成功，别人的成功经验放我这里也不一定能成功，只有自己摸索出来的经验才是最有效的。如果不想着怎么总结，不想着怎么改进，那这些钱才真是白花了呢！”

这话说的在理，绿灯行的实力与品牌知名度如今都不可同日而语的了，企业在发展，解决问题的方法也在发展。在招商的问题上做减法，李月震并非是为了省钱，而是要让钱花得更有价值。他还打算继续加大广告投入，拿出5000万到1个亿的资金来宣传绿灯行，让绿灯行真正成为一个全国性的知名品牌！

李月震就好比是绿灯行的舵手，从不停止为企业寻找更快更安全的航道，直至绿灯行成为行业中的银杏树企业。

8·11过后不久，他就曾满怀深情地写道——

“大家都知道，杨树三年成木，然而风来雨至，杨树东倒西歪，甚至被连根拔起。银杏树则不同，蒂固根深，寿命少可千年，长则万年。绿灯行电缆的目标是要做中国电缆行业第一，就是要做中国电缆行业的银杏树企业。我们在产品质量、企业运营、品牌管理、资金规划上都要朝着这个既定目标坚定不移地前进和提升。虽然市场变幻莫测，但绿灯行人愿意用更多的时间和心血来夯实企业生长的根基。

电缆行业的产能过剩只是表象，优质电缆的真正需求远远没有得到满足。市场风云变幻，行业正待整合，国家开始着手监管，行业转型已成必然。在这个大浪淘沙、行业洗牌的时期，绿灯行人必须众志成城，坚定不移地依靠质量创辉煌，依靠质量赢天下，继续团结一致，攻克难关，经得住考验，把握住机遇，做行业洗牌后蔚然屹立的银杏树。”

这是企业的传承，更是一种精神的传承，一种敢于梦想、善于应变、勇于坚持的精神的传承！

李月震已经有了相应的计划，打算慢慢地把原先直营的4S形象店转让给员工，让越来越多的人能从员工变成经销商，变成老板，变成自己的合作伙伴。这是对员工的回报，更是一种鼓励，李月震希望自己的员工都能有这样的志向。

最近，他常常收到一些短信，都是一些年轻人发来的。这些人，有的曾是他的员工，有的是他在合作过程中认识的朋友，他们都愿意来请教李月震一些经营上的问题，李月震也从来都不吝回答。对那些需要帮助的小兄弟，李月震只要觉得这人诚实可信，也经常会出手相助。他希望能帮助更多的年轻人创业，让更多的人能有机会实现自己的梦想。

李月震伴随着改革开放成长，又在改革开放的浪潮中“下海”，成为一个弄潮儿。无论遇到何种艰难险阻，他都始终以做大做强的梦想激励自己，一步步从当年一个只有几十人，一个生产车间的乡镇企业，发展成为如今占地1000余亩，固定资产10亿元，年产值达30余亿元，拥有1260多名员工的现代化大型企业。

所有这一切，都源于李丙东村当初那个倔强的孩子，那个执着的少年，那个不甘于平凡的梦想。

在一次回北京的航班上，李月震做了一个梦，他梦见20岁的自己踏着三轮车停在路边，抬头仰望天空，一架飞机正从天际划过。梦里，那个20岁的青年想，以后我也要坐上飞机，飞往祖国各地。他闭上眼睛，幻想着自己在空中翱翔。

一阵颤动将李月震唤醒，航班落地了。他睁开眼，发现身边都是绿灯行的经销商。这几天他跟大家在海南晒够了太阳，似乎也晒黑了一些。他不时会进行一些这样的“感恩之旅”，组织客户、经销商和员工外出旅游，只要有空，自己也都会随行。

“亲爱的旅客朋友们，本次航班已安全抵达北京首都国际机场，请您系好安全带，耐心在座位上等候……”

听到机组人员的提醒，李月震望着航站楼的灯火，笑了。

尾　声

电视剧《亮剑》中，主人公李云龙在军校的毕业典礼上说过这样一段话——

“任何一支部队都有自己的传统，传统是什么？传统是一种性格，是一种气质，这种传统和性格是由这支部队组建时，首任军事首长的性格和气质决定的，他给这支部队注入了灵魂，从此不管岁月流失，人员更迭，这支部队灵魂永在！这是什么？这就是我们的军魂！我们进行了22年的武装斗争，从弱小逐渐走向强大，我们靠的是什么？我们靠的就是这种军魂！我们靠的就是我们军队广大指战员的战斗意志，纵然是敌众我寡，纵然是身陷重围，但是我们敢于亮剑，我们敢于战斗到最后一个人！一句话，狭路相逢勇者胜！亮剑精神就是我们这支军队的军魂！剑锋所指，所向披靡！”

这段话后来被很多人引用，也被很多企业引用，如果用它来形容李月震，则显得分外贴切。

李月震就是绿灯行这支“军队”的首任首长，给绿灯行注入了“逢敌亮剑”的军魂。不管绿灯行以后如何发展，都不会偏离李月震当年建厂时定下的基石。

不管岁月流逝，人员更迭，纵然敌众我寡，身陷重围，绿灯行都会紧守着“宁可不卖，绝不欺诈”的庄严承诺，剑锋所指，所向披靡！

做这么大的企业，也许大家都觉得李月震会很累，可他却说：“我心态特别好。人家都说问我累吗？能睡着觉吗？比如说今天想问题多了一些，体力不好，会有点儿累，但是心理上从来没有感觉到累，也不会觉得很压抑，没有那种感觉。我也从不生隔夜气，就算有点儿事气上一会儿也就过去了。我跟他们说，小事发短信，大事写邮件，急事才打电话，要不然管着这么多人，管着这么多生产企业，还不真得累坏我？所以我现在要说累，也只是脑子里想这些事会累，体力上面会有些累，心理上不会累。”

这些年，李月震常看一些宗教类书籍，心态也更为平和了。拿得起还需放得下，现在的李月震更追求过程，努力过自然无悔。所以现在的他很快乐，对他来说，工作与生活并不是矛盾的，事业成功的同时同样可以享受人生。甚至这快乐就来源于他的事业，因为他正走在追梦的路上。

这个从李丙东村走出的孩子，不想“白了少年头，空悲切”，他心怀着“干一番事业，造福一方百姓”的初衷，紧守着“宁可不买，绝不欺诈”的理念，终于超越平凡。

2014 年 4 月底的一天，李月震回到李丙东村，刚过了桥就下了车。河边有人正在植树，那人身着迷彩服，一看就是绿灯行的人，李月震便上前招呼：“蒲哥，种树呢？”

“哟，李总，您回来啦！”蒲哥停了手上的活，上前寒暄。

李月震四下看了看，河岸边已种满了树苗，有些已经长到一人高了。现在他已经把村里的地全都租了下来，按月付给乡亲们租金，价格比种地的产出还要高。等这季的麦子收完，也许以后李丙东村就再也没有以种田为生的人了。

李月震打算把大部分的地都用来种树，一棵拳头粗细的树苗就能卖上 15 块钱左右，这可比种庄稼划算多了。他还在地里盖起了鸡舍，养起了土鸡，用不了多久，厂里的工人就能吃上土鸡蛋了。

向东望去，远处立着一座金色的菩萨造像，菩萨跟前那郁郁葱葱的一片地是李月震花了 100 多万元为村里新修的公墓，自然也是不要钱的。按风水的说法，那可真是块宝地，恰好就位于徒骇河与新金线河的交汇处，李丙东的先人们就在这“河口湾”安眠，保佑着这一方水土。

告别了种树的乡亲，李月震沿着水泥路溜达着进了村，在那株百岁洋槐树下停了下来。他看着树旁的那片空地，，有些出神，老宅已不见踪迹，废墟间依稀还能看出旧日的格局。李月震百感交集，这里有他童年的回忆。房子是李月震自己拆的，这是为了响应“新农村建设”的号召做的表率。

邻近的墙上就喷绘着李丙东新村的小区规划图，占地面积37.78亩，共有178户房子，采用现浇顶砖混结构，能抗9级地震。这些房子有别墅也有套房，小区里还规划了休闲、健身、娱乐、垂钓等设施。至于价格，真的跌破人们的眼镜，别墅才卖2200元/平方米，最便宜的套房仅售1350元/平方米。

怎么会这么便宜？这是哪个房地产商的楼盘？不说您可能也已经猜到了，这小区是李月震盖的，按着成本价卖给村里的乡亲们。最近县里的领导催得还挺急，希望李丙东新村能早日建好，以便作为“新农村建设”的案例进行推广。

村子东面隐约传来压路机的声音，那是高速路正在施工，最近的高速路出口离绿灯行工矿区不足2公里。而村的北面，另一条路也即将修到李丙东村，那是聊城市的滨河大道。李丙东村如今又要大变样了。

李月震看着村里的一草一木，这些景象用不了多久就只能在照片里回忆了，他要把这些都印刻在脑海里。那个偏远贫穷的李丙东村即将成为历史，取而代之的是交通便利、绿树环绕的世外桃源李丙东新村！

李月震朝村子里面的绿灯行工矿区走去，那一刻，他想的是，我没有辜负乡亲们的厚望！

附录1 李月震年表

1970年

8月26日，李月震出生于山东省聊城市阳谷县李丙东村，家里有一个哥哥两个姐姐，因排行第二，家里人叫他“二小”。

1977—1980年

小学1～3年级，就读于李丙东小学。

1980—1982年

小学4～5年级，就读于王庄集小学。

1982年

小学毕业，升入初中，就读于邻村的草寺中学。

1988—1990 年

初次创业，与朋友合开时装店，主营健美裤等时装，初期生意兴隆，两年后因经营不善将生意转让。

1990 年

与李秀芹完婚，再次创业，养猪未能成功。其后又经营过煤炭、蔬菜等小本生意。

1992 年

与李秀芹生下一子。

1994 年

父亲李文亮由佳木斯返乡，决定与父亲一起到济南从事电线电缆生意。

1995 年

首家线缆销售门店开张，在李文亮指导下熟悉电线电缆业务，渐渐能够独当一面，展现出商业天赋，开始在经营上进行一些创新。

1998年

门店盈利达200万元，李文亮退休回家。

李月震开始转变经营思路，产生连锁经营意识，广开门店。

2000年

李月震旗下已拥有四家门店，注重店面形象。

2001年

李月震想离开济南，向外扩张，不想却被“3C认证”所阻。

2002年

再得一子。

决定回家建厂，“干一番事业，造福一方百姓”。

3月16日，阳谷力缆厂奠基。

同年底，厂房完工。

2003年

引进设备，却因资金不足无法开工，招来的45名员工纷纷离开，最后仅剩不到20人。

2004年

获得农村信用社300万元贷款，工厂于二月二“龙抬头”这天正式开业。

注册“绿灯行”品牌。

初步建立“半军事化管理”的管理体系；

同年，通过大型户外牌匾广告、《齐鲁晚报》《大众日报》《人民政协报》以及省、市级电视台向社会各界公开承诺：“绿灯行牌电线电缆产品质量，经质检部门检测如不合格，向用户双倍赔偿，长度如与标识不符，差一米包赔一百米”，成为全国第一家也是唯一一家通过省级媒体向社会如此公开承诺的电线电缆品牌。

2005年

年销售额达700万元；并在济宁等地设立门店。

2007年

8月1日，创办《绿灯行电缆报》，旨在沟通上下，分享喜悦，让员工“事有地方记，怨有地方吐，意见有地方提”。

同年，已在山东的17个地级市开设“绿灯行”门店。

2008年

厂名正式改为“山东阳谷绿灯行电缆厂”。

2009年

5月，与全体员工及管委会共同制定了详尽的规章制度。制度共有102项内容，255页，近8万字，涵盖了发展方针、经营理念、质量方针、服务理念、发展目标以及企业每个组织的建设、每个职位的职责等企业管理中的方方面面。

10月8日，担任全国第十一届运动会圣火传递活动聊城站第24棒火炬手。

12月31日，召开“营销精英论坛大会”，提出“四五计划”。

2010年

3月1日，为适应企业发展需要，对企业规章制度进行第一次大规模修改，颁布《山东阳谷力缆厂新规章制度手册》。

4月16日，挑战县级营销，进行山东地区的第一次大规模招商；

8月，烟台、滨州、潍坊、淄博、东营、济南等地4S形象店装修完毕，陆续投入使用。

12月，共分7次完成山东地区139个市、县的招商工作，共耗资360万元，接待客户1960人次。

年底，投资4亿元，成立中大矿用电缆有限公司，欲打造中国最大的矿用电缆生产基地。

同年，企业销量突破2亿元，创下了365天无客户投诉的记录，并在山东省139个市、县级城市设置了同一形象的销售网点。

2011年

1月，成立绿灯行大学，为企业提供人才支持。

8月，攻克青岛市场。

11月，中大矿用电缆有限公司工程全部竣工。

同年，进军山西，销售额突破5亿元。

2012年

2月，再次进行企业改制，启用竞聘与责任制，并调整了分配机制。

5月18日，于天津新南马路五金城开设绿灯行华北第一店。

5月19日，北京4S形象店开业。

7月20日，进行华北地区第一次招商。

9月，华北地区招商完成，共接待1500多人次，签约经销商126家，分销商565家，基本形成了覆盖京、津、冀主要县区的经销网络。

10月，于两周内在河北连开8家4S形象店。

12月31日，于北京国际会议中心召开绿灯行电缆华北地区经销商年会，将“四五计划”修改为“两个五年计划”。

同年，销售额突破7亿元，推出新版Logo“腾飞的绿灯行”。

2013年

1月1日，成立绿灯行慈善基金会，拿出每年公司销售额的千分之二用于帮扶贫困的残障人士及家庭贫困的在校中小学生。

2月，开展“腾飞培训”计划，为将来的发展培育人才。

3月19日，位于北京市丰台区南四环西路、占地1080平方米的行政总部装修完毕，投入使用。

3月29日，冠名“2013年世界小金属地掷球联合会杯”比赛。

8月11日，当众销毁价值400余万元的不合格电缆，用实际行动践行质量承诺。

11月，绿灯行电缆山东销售总公司、绿灯行电缆华北销售总公司和绿灯行电缆山西销售总公司分别成立，将独立运营管理山东、华北、山西地区的销售工作。

附录2　沟通上下，分享喜悦

（本文为李月震发表于《绿灯行电缆报》2007年8月1日总第1期的创刊词）

不知不觉间，绿灯行电缆产业集群进入了她生命中的第七个年头。在这七年之中，绿灯行人伴随着公司的发展与壮大，自信，彷徨，迷惑，提高，惊喜，一路风雨一路歌地走了过来。

回首绿灯行走过的每一过程、每一阶段，都离不开绿灯行人孜孜不倦的努力。绿灯行人的汗水铸就了绿灯行的辉煌，绿灯行人的付出迎来了绿灯行今天的成绩：产品质量、服务水平、技术水平、管理水平都有了长足的进步；绿灯行人的市场在扩大，绿灯行人的制度在完善，员工的队伍在壮大，绿灯行的知名度也在提升，绿灯行人在飞腾。

《绿灯行电缆报》要把这些告诉员工，和大家共同分享绿灯行成功的喜悦，让员工体会到作为一名绿灯行人的自豪，热爱绿灯行，对绿灯行未来的发展充满信心，这是激励亦是鞭策。让我们大家齐心协力，凝聚成一股坚不可摧的力量，向着相同的目标和理想奋进，为绿灯行的事业发挥我们绿灯行人的才智。

我们的公司在不断壮大、在迅猛发展，这对技术、对服务、对管理亦提出了更高的要求，如何使员工以主人的姿态投入到工作中，创建绿灯行人特色的企业文化；如何使部门之间、员工之间建立更和谐的人际关系，提高工作效率；如何使员工能够不断自我完善，为自己的发展规划定位；如何改进我们在工作中还存在着的这样和那样的不足之处或有待完善的地方。这些都是我们当前要面对的问题。

《绿灯行电缆报》旨在为大家搭建这样一个交流平台，围绕公司的经营管理、每一个人每一件事做文章，让大家事有记的地方，怨有吐的地方，意见有提的地方。当然，作为公司的最高管理者，肯定也希望这张小报能成为公司发展业绩的备忘录、员工情怀品位的展现窗口等。共同参与、群策群力，让这里凝聚绿灯行人的热情，互动交流，互动管理，以人为本，创建诚信、协作、奉献、超越的文化平台，这于大家，于公司的发展都将是十分有益的。

正是遵循“沟通上下”这一理念，所以我提倡大家给《绿灯行电缆报》写稿，什么都可以说，不署名也可以。在此，我还要提醒大家保持清醒的斗志，虽然与自己比，可能你已十分自信；但与别人比，则还需发奋图强，还需站出来，走出去。一个人重要的是要有激情，如果没有了激情，那你就没有什么希望了。《绿灯行电缆报》的创刊和征稿也可以说是个寻找和发掘激情的契机，所以希望大家都能够参加。

《绿灯行电缆报》在今天的诞生，使绿灯行电缆产业集群的企业文化开始了坚强地生长！我希望《绿灯行电缆报》从此将成为传播绿灯行电缆产业集群文化的一扇窗口，用文笔、用镜头、用智慧、用汗水、用热情、用真诚，把绿灯行电缆产业集群自强奋进的硕果和创新创业的风采，传递给每一个客户、每一个供应商、每一个支持绿灯行电缆产业集群的人和每一个绿灯行人。

附录3　目标是万事之基，坚持是成功之本

（本文为李月震发表于《绿灯行电缆报》总第2期的董事长寄语）

没有哪一艘船只在尚未决定目的地之前就贸然起锚，对于人生也是这样，如果你不能预立计划、设定目标，你便无法从平庸中超越。

目标是方向，是动力，也是人生道路上最大的选择。当你在工作和生活中遇到困难和挫折时，目标会像一面高高飘扬的旗帜，时刻远远地昭示着你，提醒着你，告诫着你：这点曲折只不过是你实现人生目标和价值征途中暂时的失利，是你迈向新台阶的一次曲折迂回的前进；当你因取得一些成绩而兴奋、骄傲自满时，它也会不断地暗示着你：这离你的远大目标还有一段好长的路要走，不能掉以轻心啊。否则骄傲、浮躁会让你前功尽弃，葬送你美好的前程。

只是，我要提醒大家注意的是，我们都是凡人，所以目标也要切实可行，别太虚了，目标是自己的，不是给外人看的。对于一个追求成功的人来说，成功的最佳目标不是最有价值的那个，而是最有可能实现的那个。所以，你可以把长期的远大的目标分成阶段性可实现的目标，比如：我现在只是班组的普通成员，等到明年我就要争取成为班组长；或者我这个月销售了30万元，下个月我就要争取销售到50万元，并且要坚持以每个月5%的速度递增。在这里，我希望绿灯行产业集群每一层级的领导都要担起这个责任来，帮助自己的部下“看到”目标就在眼前，就在自己“跳一跳就够得着”的地方！宏基电脑集团董事长施振荣先生曾说：“我有责任使每一位宏基人清楚地看到明天的远景。”我希望我们也能做到。

目标确定下来以后要如何实现呢？很多人都有着投机的心理，其实实现目标就和吃饭一样简单：谁都不可能一口就吃下一碗饭，也不可能一口吃个胖子出来。所以你要有足够的耐心去坚持。

坚持其实是世间最容易但也最困难的事，说它容易，是因为只要你愿意去做，人人都能做到。说它困难，是因为在这个过程中总会出现一些使你信心和毅力动摇的事情。因此能够坚持到底的人终究是少数。为了你自己的目标，你有毅力坚持不懈吗？不管遇到多大的困难，多强的阻碍，你都能够坚持下来吗？说实在的，在很多事情上我们必须坚持到底，因为这就像赛跑一样，差一步没有跑到终点，也不会有成绩。如果你不坚持跑完最后一步的话，那么可以说你曾经的汗水是白流的，你曾经的努力也是白费了！一句话，若中途放弃，则万行皆付东流。

谁都不可能一蹴而就，成功的路上都有荆棘，谁能坚持到困难向你屈服退缩的时候，谁就将是成功者。只要你专注于你的目标，那么你所有思想、行动及意念都会朝着那个方向前进，不管发生了什么情况，你必须具有坚持把工作完成到底的能力，这也是你发展成为别人的领导者并赢得卓越的驾驭能力所必需具备的一种个人品质。不管你是表现出来也好，不表现出来也好，那工作还是需要去坚持，不管你碰到什么障碍和困难，你都得把它成功地进行到底。三分钟热度无法成就你的梦想，只有坚持下去，加上不断地转动脑筋，才是成功的秘诀。看看我们身边的那些成长迅速的班组同仁，看看我们身边销售业绩逐月递增的同仁，他们之所以能取得大家难以想象的成绩，就是因为他们从不怨天尤人，也不自暴自弃，始终坚定自己的目标并为之孜孜努力，他们有一种不达目的誓不罢休的信心、勇气和毅力。他们绝不会因为一点偶然的成功而搁浅，也不会因为一次小小的失败而言弃，不会因为一点物质的诱惑而环顾，也不会因为生活的安逸而留恋，而是想方设法、千方百计执着地追求属于自己心中的彼岸，并赢得最后的胜利。历史上大凡事业有成的人无不如此。

亲爱的同仁们，无论你现在所处的现实多么不如人意，无论你们现在面临多少困难，只有瞄准目标，坚持到底，你们才有可能赢得最后的成功！这句话说起来容易，做起来却最难。可是，我们可以预见的是，如果你现在不努力，那么等待你的将是一个竞争更加激烈、前景更加难测的未来。

附录4　绿灯行的成功秘诀

（本文根据李月震在2013年绿灯行电缆产业集群年终营销会议上的讲话提纲整理）

绿灯行电缆产业集群创建于2002年，经过11年的发展，从一个只有几十人，一个生产车间的小企业，发展成为如今占地1000余亩，固定资产10亿元，年产值达30余亿元，拥有三大生产基地，1200多名员工的现代化企业。

一、绿灯行的使命追求

这十一年来，绿灯行的全体员工怀抱着“干一番事业，造福一方百姓”的使命追求，努力打造强势品牌，用智慧和文化的力量，使绿灯行电缆产业集群在这个备受争议的行业成为一家令人尊敬的让消费者满意、员工满意以及经销商满意的“三满意”企业。

让消费者满意的是绿灯行“追求零缺陷”的产品质量，是绿灯行“宁肯不卖、绝不欺诈”的经营理念，是绿灯行“差一赔百，不合格双倍赔偿”的诚信保证。绿灯行相信，质量是生产出来的，而不是检验出来的，绿灯行“不制造缺陷、不传递缺陷”。绿灯行提出了“质量终身追溯权”的概念，对造成问题的员工有终身追溯权，而客户对企业同样也有终身追溯权。同时，绿灯行用精细化的服务让消费者获得愉快的购物体验。

让员工满意的是绿灯行对员工的尊重。绿灯行一直秉持以人为本的管理理念，通过半军事化训练提升员工素质，以求员工与企业的共同发展。企业的发展的同时也提高了员工的生活水平，员工薪水年年上涨，绿灯行不会忘记那些为企业做出贡献的员工，会给他们以实惠、舞台和未来。

让经销商满意的是绿灯行“共识、共建、共赢”的营销理念。绿灯行一直把经销商视为“家人”，尽最大努力帮助经销商拓展客户、打开市场。绿灯行一直致力于与经销商共生双赢，力求取得企业与经销商的共同和谐发展。

二、绿灯行的品牌价值

绿灯行的品牌建设是一个充满挑战与机遇的过程。

多年来，绿灯行通过对质量与服务的追求，打造出了一个拥有知名度、美誉度和忠诚度的知名品牌。但品牌建设是一个需要持之以恒、精耕细作的过程，还需要绿灯行人展示智慧，演绎激情，让这个品牌拥有更强大的生命力，在未来具有获利性、拓展性和持续性。

绿灯行品牌是绿灯行企业形象的象征、实力的展现和文化的凝练，是所有绿灯行人共同的财富，也是企业最宝贵的资源。

绿灯行人愿像维护自己的生命一样维护自己的品牌。

三、绿灯行的核心价值观与企业文化

为了实现自己的使命追求，绿灯行树立了自己的核心价值观与企业文化。对内，绿灯行倡导精诚团结；对外，绿灯行强调与社会环境和谐共生。

绿灯行最注重三种能力——学习力、凝聚力和创新力。商海行舟，不进则退，这就要求绿灯行人有海纳百川、厚积薄发的学习力，能以博大的胸怀接受一切先进的知识和经验，点滴积累、持续改善、不断超越、风雨同舟、同甘共苦，这就要求绿灯行人有天地人和、上下同心的凝聚力。对外共生双赢、和谐发展，对内心手相牵、荣辱与共，这才能使企业成为坚不可摧的金刚石，与时俱进，创新每天，这就要求绿灯行人拥有能够把握时代脉搏，引领行业潮流的创新力，让今天比昨天做得更好，明天比今天做得更好。

绿灯行追求自信、从容、稳健与合作。绿灯行的自信源于过去的积累、现实的努力和对未来的把握，这是我们自身的勇气和生存的实力。绿灯行的从容来自时刻警惕着环境的变化，严格按照职业规划从事实业经营，处理问题井然有序、从容不迫，并且始终保持快速的反应能力，绿灯行在从容中保持警觉，在有序中保持敏锐。绿灯行的风格是谦虚谨慎、求真务实，认准方向以后，一步一个脚印地奔向目标，脚踏实地、步履稳健地勇往直前。绿灯行是所有员工的家园，绿灯行的事业是每一个员工共同的事业，我们将结队而行、互相借力。

绿灯行企业家团队是决定企业命运的核心力量，是企业文化的倡导者和传播者，必须在长期与短期、公与私、大我与小我、卓越与平庸、有限的权利与无限的责任等重大问题上做出明智的选择。

四、绿灯行的人才理念

人才是绿灯行的核心资源。绿灯行坚持认同绿灯行文化的、具有职业素养的员工就是绿灯行的人才。员工做得好就是核心竞争力，做得不好就是核心破坏力。绿灯行最需要的是一批让组织和团队放心的员工。

绿灯行对人才的要求是职业化与专业化，以此为生，精于此道。

职业化是绿灯行人生存和发展的价值与理由。投身绿灯行就要尊重绿灯行、珍惜职业，将个人目标融入企业目标，将小我融入大我，视岗位为资源，用岗位资源为企业增值。

绿灯行要求员工尊重职业，因为尊重职业意味着尊重责任、尊重承诺，答应的事情一定会做好。绿灯行要求员工遵守职业规范，从情感、观念到行为，都能严守职业规范，讲求职业道德。绿灯行要求员工具有职业意识，干一行，爱一行，专一行，不做通晓百事但做不成一事的“万金油”。绿灯行要求员工要有职业追求，能不断提升职业能力，追求职业生涯更高境界的人才，才是绿灯行需要的人才。

积财千万，不如薄技在身。绿灯行要求每一个员工拥有从业余选手变为具有核心专长与技能的职业选手的潜力，成为问不倒、难不倒的专家和能工巧匠。再平凡的事情，能做好一千遍，就是不平凡。

绿灯行建立了三大机制、六大系统来达到职业化与专业化的要求。

竞争淘汰机制：绿灯行破除身份所有制，实行零成本身份转换，通过竞争淘汰优化企业生态，逐步实现从官本位向人才价值本位的过渡。

激励机制：绿灯行尊重员工合理的利益追求，倡导为强者喝彩，建立以业绩、能力为主导，以物质激励为主、精神激励为辅的多元价值分配体系，打破高水平的“大锅饭”制度，让真正为绿灯行做出贡献的人过上幸福生活。绿灯行在价值分配中始终坚持看过程更看结果，看表现更看业绩，看个体更看团队的管理理念。

评价约束机制：绿灯行建立以目标责任为核心的评价约束机制，通过目标分解，传递市场压力；通过目标监控，确保生产运行。将任务指标的完成情况与奖惩机制挂钩，激发员工动力，促进目标完成。

基于战略的人力资源规划系统：绿灯行根据企业发展战略确定主业人才队伍和其他相关专业人才的培养、储备和开发，合理规划内部人才培养与外部人才引进，奠定坚实的人才基础。

基于素质模型的潜能评价系统：绿灯行从组织战略、客户需求和竞争要求出发，总结各类高绩效员工的素质模型，使人才招聘和选拔建立在素质模型基础上，将合适的人放到合适的岗位。

基于任职资格的职业化行为评价系统：绿灯行通过任职资格标准的建立及资格认证，引导员工不断进步，为员工晋升与薪酬调整提供依据。

基于KPI指标的考核系统：绿灯行建立分层分类的关键绩效评价体系，对中高层的考核强调结果与指标，对中基层管理者的考核强调行为与过程。

基于业绩与能力的薪酬分配系统：绿灯行员工的收入直接取决于员工对企业的贡献，贡献的价值越大，回报就越高。

基于职业生涯的培训开发系统：绿灯行开放多条职业通道，并针对员工的职业生涯制定多样化的职业培训课程，帮助员工提高终身就业能力。

这三大机制、六大系统保证了绿灯行能因材施用，人尽其才。

五、绿灯行的管理思想

绿灯行的核心管理原则是唯一原则。绿灯行坚持责任唯一、流程唯一、标准唯一的管控原则，做到“立法”、“执法”、监督三权分立。

绿灯行的核心管理理念是化繁为简。简单的实质就是凡事都要找规律，去伪存真，去粗取精，由此及彼，由表及里。在真正掌握问题本质的基础上，以销量和效果为出发点，追求用最简洁、最直接、最有效的方式解决问题，最大限度减少无谓的时间、人力和物力资源的浪费。

绿灯行的核心管理方法是弹性至上，倡导刚柔并济的弹性运作方法，既强调制度的刚性制约，又强调管理的柔性设计。

在这些原则、理念、方法的指导下，绿灯行实现了制度化管理，构建了畅通的信息平台。任何人和部门不会隐瞒、截留信息，下级对上级透明、执行层对管理层透明，打破信息阻碍，消除信息孤岛，保证了企业微系统循环的畅通。绿灯行要求部门之间、流程之间的衔接密不可分，做到无缝链接，每一项工作的上下游环节职责清楚，交接顺畅，系统联动。

畅通的信息平台带来效率，效率源于责任。绿灯行要求每一位决策者都在充分论证的基础上，审时度势，敢于拍板，敢于承担责任，不拖泥带水。

做企业与做人有相似之处，绿灯行人要求自己必须定期体检，不断反省，检讨工作中的问题，积极改进制度，不断瘦身，以求与企业发展相适应。

六、绿灯行的渠道与营销

绿灯行永远重视渠道与营销，把经销商和员工放到组织架构的最上层，满足需求是组织设计的出发点，绿灯行建立生产、营销统一的主价值链来服务销售团队，将外部市场的需求转化为内部业务的责任，提高组织整体对市场的响应速度。

绿灯行希望人人都能成为企业的营销代表，用激情、服务和知识来开展营销工作。

营销需要激情，需要珍爱品牌，忘我投入，用灵感和创意演绎品牌，用智慧和文化传播关怀，才能准确传达绿灯行的品牌价值。

营销需要服务理念，绿灯行的服务是全员的、多层次的立体化服务，要让客户感受到被服务的诚意，要想他之所想、急他之所急，在输出产品的同时输出文化与管理。

营销还需要知识，绿灯行要求每一位营销人员都有人文底蕴和服务能力，能够为客户提供系统解决问题的方案，成为客户的顾问。

七、绿灯行的未来

绿灯行志在打造百年企业，做电缆行业的银杏树企业，以自信、从容、创新的态度面对未来的竞争，生生不息。

一个人活得好不好，生命状态很重要。做企业跟做人一样，关键在于良好的生命状态。我们坚持诚信守法，追求阳光利润，享受坦荡生活。

今天我们见证了历史，未来将见证我们的今天。人事更替无常，但是也永恒。铸造百年企业是我们的理想与追求，更将是一次艰苦创业的漫长历程。